Janet Glausch

Pflanzen-Lovestory

Wie du ganz einfach Gemüse, Obst,
Kräuter und Blumen vermehrst

Löwenzahn

INHALTSVERZEICHNIS

KISS ME, HONEYBEE ODER: WIE VERMEHREN SICH EIGENTLICH PFLANZEN?

Hast du dich das auch schon gefragt? Wenn du Minze in deinem Garten anpflanzt, weißt du es vermutlich. Die hat Weltherrschaftsfantasien und überwuchert innerhalb kürzester Zeit alles, was Rang und Boden hat. Aber im Ernst: Wenn du dir deine Lieblingstomate nicht in der Gärtnerei deines Vertrauens als zarte Pflanze abholst, hast du wahrscheinlich schon mit Samen zu tun gehabt. Sie sind die Basis für eine Ausbeute, für die du jeden Tag am liebsten ständig in den Garten laufen würdest, weil die Früchte in den sattesten Farben schillern und der Geschmack so unglaublich anders ist als das, was gemeinhin als gutes (weil makelloses) Gemüse verkauft wird.

Die Vermehrung durch Samen ist die eine Sache. Bei manchen Pflanzen funktioniert das aber nicht, sie werden über einzelne Pflanzenteile wie Stecklinge, Sprossknollen oder Ausläufer vermehrt. Das ist also die zweite (und manchmal einzige) Möglichkeit, um aus einer Pflanze mehrere zu machen. Klingt erst mal ziemlich komplex? Keine Sorge, wir werden die einzelnen Vermehrungsmethoden in diesem Buch unter die Lupe nehmen. Bist du bereit? Dann lass uns loslegen!

WAS DAS GANZE MIT OMA EMMA ZU TUN HAT

Aber bevor wir mit den theoretischen Basics der Pflanzenvermehrung starten, möchte ich dir kurz Oma Emma vorstellen – sie war es nämlich, die mich mit den Grundlagen der Gemüsegärtnerei vertraut gemacht hat. Wenn ich an Oma Emma denke, sehe ich eine kleine alte Frau mit silbergrauen und lässig aufgesteckten Haaren, immer mit irgendeinem Gartengerät in der Hand über eines ihrer gepflegten Beete gebeugt. Ich sehe, wie sie knackige Karotten aus der Erde zieht, ein Körbchen mit frisch gepflückten Himbeeren füllt. Ich sehe, wie sie die leuchtend roten Tomaten, die an den Rispen hängen, in die Hand nimmt und ihren Reifegrad prüft – und dabei immer mal wieder ganz nebenbei einen Seitentrieb ausbricht, weil dieser der Pflanze die Kraft nimmt, die bereits ausgebildeten Früchte ausreifen zu lassen. Ich sehe sie mit einem großen grünen Salatkopf zum Haus zurückkommen, dem weltbesten, dem zartesten und aromatischsten Salat übrigens, den wir je gegessen haben (bevor ich anfing, selber welchen anzubauen, versteht sich – Spaß beiseite).

Ein paar ihrer Salatpflanzen ließ sie immer stehen, bis sie in Blüte gingen, und zwar nicht, wie ich anfangs dachte, für die Hühner, die immer die Gemüseabfälle bekamen, sondern um Saatgut für die nächste Saison zu gewinnen. Ich erinnere mich an den Duft des warmen Minztees, der auf der Küchenplatte zog und den wir mit Himbeersirup (natürlich ebenfalls selbstgemacht) genossen. Ich sehe Kräuter und Samen auf ausgelegten Laken in der Scheune trocknen, die Kellerregale sind gefüllt mit Mostflaschen und Eingekochtem, und ja – da stehen auch die Kisten mit den kleinen Saatkartoffeln, die Oma Emma aus der eigenen Ernte las, um sie im nächsten Frühjahr auf dem Acker auszubringen. Ich habe viel von ihr gelernt, sie wird dir in diesem Buch auch immer mal wieder begegnen. Und wie du merkst, sind wir bereits mittendrin in der Thematik: Pflanzenvermehrung, juhu!

WENN PFLANZEN SICH FORTPFLANZEN

Wie funktioniert also die Pflanzenvermehrung? Fangen wir mal mit dem Grundsätzlichen an: Es gibt zwei Varianten der Vermehrung. Bei der einen Variante wächst aus Pflanzenteilen eine neue Pflanze heran, bei der anderen aus einem Samen. Alles klar so weit?

Wird eine Pflanze geteilt oder werden einzelne Pflanzenteile zur Weitervermehrung genutzt, spricht man von **vegetativer** oder ungeschlechtlicher Vermehrung. Mutter- und Tochterpflanzen sind dann genetisch identisch, die Klone der Mutterpflanzen wachsen zu selbstständigen Pflanzen heran. Vom alten Salbeistrauch im benachbarten Garten z. B. kannst du einen leicht verholzten Trieb abknapsen und ihn als **Steckling** in ein Töpfchen mit feuchter Erde stecken. Hier wird er Wurzeln ausbilden und zu einer neuen Pflanze heranwachsen.

Erdbeerpflanzen bilden im Sommer **Ausläufer**. Das sind oberirdisch waagerecht wachsende Seitentriebe, an denen neue Pflänzchen wachsen, die in der Erde anwurzeln. Die kannst du von der Mutterpflanze abtrennen und direkt einpflanzen.

Auch Kartoffeln lassen sich vegetativ vermehren: Aus den Augen der Kartoffelknollen (keine Angst, die heißen nur so; die „Augen" sind die kleinen buckligen Einkerbungen auf der Kartoffelschale, die genau genommen Knospen sind) wachsen unter Einwirkung von Wärme und Feuchtigkeit, also wenn die Kartoffeln auf dem Acker ausgebracht werden, eigenständige, genetisch identische Pflanzen heran.

VON ELTERNPFLANZEN UND GEMÜSEBABYS: GENERATIVE VERMEHRUNG

Immer dann, wenn Samen ins Spiel kommen, spricht man von **generativer** oder geschlechtlicher Vermehrung. Die Zellen eines Pollenkorns und eine Eizelle verschmelzen miteinander und geben ihr Erbgut an den Nachkömmling weiter. Das Samenkorn, das so entsteht, ist den Elternpflanzen sehr ähnlich, denn es hat Eigenschaften beider, allerdings in neuer Kombination – es entsteht also ein genetisch neues Individuum. Die einzelnen Nachkommen unterscheiden sich genauso: Sie sind sich ähnlich, aber nicht identisch.

Der kleine, feine Unterschied ...

Einer der Vorteile der Saatgutvermehrung besteht darin, dass die Pflanzen über kleine genetische Veränderungen in der Lage sind, sich bestimmten Standortansprüchen oder veränderten Umweltbedingungen anzupassen. Kein Wunder also, wenn bei mir in Leipzig in kalten und nassen Sommern neben Tomatensorten aus Russland vor allem die Sorten aus ökologischen Freilandtomaten-Züchtungsprojekten die besseren Karten haben. Wenn du Samen einer bestimmten Tomatensorte aussäst, wird kaum eine der Pflanzen genetisch zu hundert Prozent der anderen entsprechen. Aber sie werden sich sehr stark ähneln. Sorteneigenschaften ändern sich nicht schlagartig, sondern über längere Zeit und Generationen hinweg.

ES VERMEHRT SICH, ES VERMEHRT SICH NICHT: SAMENFESTE VS. HYBRIDE SORTEN

Allerdings – und das ist extrem wichtig: Saatgutvermehrung funktioniert nur mit **samenfestem** Saatgut! Du kannst Samen der samenfesten Sorte Rote Bete ‚Rote Kugel' ernten und wieder anbauen, die Nachkommen werden die gleichen sortentypischen Eigenschaften haben. Samen der Hybridsorte Rote Bete ‚Boro F1' hingegen sind nicht nachbaufähig, sie müssen jedes Jahr nachgekauft werden.

Hybridsorten entstehen aus der Kreuzung zweier künstlich erzeugter Inzuchtlinien[1], wobei nur Linien weitergeführt werden, die besonders ertragreich und resistent gegen Krankheiten sind. Die Pflanzen wachsen dann sehr einheitlich heran. Sie gedeihen an verschiedenen Standorten, es gibt kaum noch Unterschiede in Größe, Form und Reifezeit. Das bringt gewisse Vorteile für die Produzent*innen: Wenn alle Früchte einer solchen Hybridsorte gleich groß sind, lassen sie sich auch besser verpacken, transportieren und verkaufen. (Die klassischen Tomaten, Gurken und Salate aus dem Supermarkt kennen wir alle.) Diese Merkmale zeigen sich aber nur in der ersten Generation. (Generationen werden mit dem Buchstaben F durchnummeriert. Die erste Generation ist also F1.) Schon in der nächsten Generation (F2) spalten sich die äußerlich einheitlichen Kulturen wieder in eine Vielzahl unterschiedlicher Pflanzenformen mit verminderter Leistung auf und die positiven Eigenschaften verschwinden.

Anbauen, ernten, repeat: Das ist das Motto bei samenfestem Saatgut.

[1] Mit Inzuchtlinien meint man durch Inzucht nahezu reinerbig gezüchtete Nachkommen mit bekannten Eigenschaften, welche in den Folgegenerationen auch erhalten bleiben.

Hybridsorten werden seit 1920 entwickelt, meist mit biotechnologischen Methoden in den Labors der Saatgutproduzenten, seit 1990 wird hier auch mit Gentechnik gearbeitet. Samenfeste Pflanzensorten hingegen sind durch Züchtung über Jahrhunderte entstanden. Darunter gibt es unendlich viele alte und historische gärtnerische (d. h. nicht professionelle) Sorten, Lokalsorten und Neuzüchtungen.

Ursprünglich wurde nur über Auslese gezüchtet, dabei wählt man die geeignetsten Pflanzen aus und vermehrt diese weiter. Um 1900 begann man mit der Kreuzungszüchtung, bei der es darum geht, die Merkmale von verschiedenen Pflanzen zu vereinen. Alte Sorten bringen häufig weniger Ertrag und brauchen etwas mehr Pflege, dafür punkten sie aber mit einmaligen Aromen, Formen und Farben.

Biologische Neuzüchtungen nutzen die alten samenfesten Sorten, um aus ihnen Sorten zu entwickeln, die sich an ihren Standort anpassen können und den Anforderungen der Zukunft genügen. Damit haben sie erhöhte Überlebenschancen und können sich besser reproduzieren. Weltweit verschwinden immer mehr samenfeste Sorten vom Markt (laut einer Schätzung der Welternährungsorganisation FAO[2] in den letzten 100 Jahren ca. 75 Prozent aller landwirtschaftlich genutzten Arten!), während der Anteil der Hybridsorten steigt. Es gibt aber weltweit immer mehr Initiativen, Vereine und Verbände, die sich darum bemühen, die Vielfalt unserer Kulturpflanzen zu erhalten. Und auch jede*r einzelne*r Gärtner*in, der*die alten Sorten sorgsam weitervermehrt, trägt dazu bei, diese wertvollen genetischen Ressourcen in die Zukunft zu retten.

Bye-bye, Hybridsaatgut: Mit samenfesten Sorten verabschiedest du dich von der Abhängigkeit und baust superaromatische Gemüse an, die sich an deinen Standort und sich ändernde klimatische Bedingungen anpassen und von denen du – wie zu Oma Emmas Zeiten – immer wieder Samen gewinnen kannst. Nebenbei sparst du so auch noch ordentlich Geld, Hybridsorten sind nämlich wesentlich teurer als die samenfesten. Und wie gesagt, du musst sie nur einmal kaufen!

[2] https://www.fao.org/news/story/en/item/46803/icode/

SELBER SAATGUT ZU VERMEHREN IST POLITISCH ... UND HAT UNGLAUBLICH VIELE VORTEILE

Von Hybridsaatgut hast du nun schon einiges gelesen. Diese Züchtungen sind besonders einheitlich, widerstandsfähiger und bringen viel Ertrag. Der Nachteil: Hybridsorten lassen sich nicht weitervermehren, man muss sie jedes Jahr neu kaufen. Ein sattes Geschäft für Saatgutkonzerne, die damit ihre Kund*innen von sich abhängig machen, egal ob Hobbygärtner*innen oder Erwerbsbäuer*innen. Vor allem in Ländern des Globalen Südens treibt das nach wie vor Hunderttausende Bauern und Bäuerinnen in den Ruin, besonders dann, wenn die Konzerne ihre Pestizide und Dünger gleich mit verkaufen.

Da die modernen Hybridsorten auf Hochleistung gezüchtet sind, benötigen sie auch mehr Nährstoffe und Wasser, was sie für kleinere landwirtschaftliche Betriebe ungeeignet macht. Ein weiterer Nachteil: Wird in einer Region nur ein und dieselbe Hybridsorte angebaut, so sind alle Pflanzen in gleichem Maße anfällig für Krankheiten, tierische Ernteabstauber oder widrige Umwelteinflüsse. Und dennoch – immer stärker dominieren Hybridsorten den globalen Markt, immer weniger konventionelle Sorten werden angebaut. Mit Tausenden von anpassungsfähigen Sorten verschwinden unendlich viele genetische Variationen, die die Grundlage einer fruchtbaren Weiterentwicklung sind, und die es dem Menschen seit Tausenden von Jahren ermöglichen, Kulturpflanzen zu züchten.

EIN FEINER UNTERSCHIED: SAMENFEST ODER SORTENREIN?

Übrigens – **samenfest** bedeutet nicht **sortenrein**, die beiden Begriffe werden häufig durcheinandergebracht. Verschiedene samenfeste Sorten, Rote-Bete- und Mangoldsorten z. B., verkreuzen sich zu gern miteinander. Wenn das geschieht, gehen die sortentypischen Eigenschaften wie die kugelrunde Rübenknolle oder die saftigen gelben Mangold-Blattstiele verloren. Diese Verkreuzungen müssen vermieden werden, wenn du **sortenreines** (= sortenechtes) Saatgut gewinnen möchtest. Und das ist gar nicht so schwer.

Ob Oma Emma wusste, dass sie jeweils nur eine Rübensorte in Blüte gehen lassen darf, damit ihr Saatgut sortenrein bleibt? Ich weiß es nicht, sie hatte jedenfalls nur eine Sorte im Garten. Wenn du Rote Bete magst, wirst du vermutlich verschiedene Sorten anbauen wollen, die Auswahl an Formen und Farben ist so verlockend … Wenn du sie nur anbaust, um sie aufzufuttern, kannst du unendlich viele Sorten nebeneinandersetzen, kein Problem. Aber wenn du Saatgut von ihnen gewinnen möchtest, das sortenrein ist, solltest du ein paar Dinge über das Liebesleben der Pflanzen wissen!

BLÜMCHENSEX: BLÜTENTYPEN UND BESTÄUBUNGSARTEN

Damit die Elternpflanzen ungestört ihre Zweisamkeit genießen können … Halt, ich glaube, so funktioniert das nicht. Immerhin kommen ja auch die Bienchen noch irgendwie zu den Blümchen dazu, oder? Lass uns hier einen Blick auf die Bestandteile der Pflanzen werfen und uns genauer ansehen, wie die Bestäubung funktioniert – damit wieder ein neues Samenkorn entstehen kann.

PFLANZENANATOMIE IM DETAIL: MÄNNLICHE UND WEIBLICHE BLÜTEN

Die Fortpflanzungsorgane der Samenpflanzen sitzen in den Blüten. Es gibt die **einhäusigen** Pflanzen, bei denen sich sowohl weibliche als auch männliche Blüten auf derselben Pflanze (im selben Haus) befinden, z. B. Kürbisse, Gurken und Mais. Es gibt die **zweihäusigen** Pflanzen, bei denen die Pflanzen entweder nur weibliche oder nur männliche Blüten ausbilden (zwei Pflanzen = zwei Häuser); hier wird im Grunde genommen zwischen weiblichen und männlichen Pflanzen unterschieden. Das ist z. B. beim Spinat, beim Spargel oder bei den Brennnesseln so. Wenn du davon Samen ernten willst, brauchst du neben den weiblichen mindestens eine männliche Pflanze.

Und dann gibt es die **zwittrigen** Blüten, die weibliche und männliche Blütenorgane vereinen, das sind unter den drei Blütenarten die meisten. Hierzu zählen z. B. Tomaten, Paprika, Auberginen, Karotten, Bohnen, Erbsen, Radieschen, Kohl und Salat.

Die Abbildung auf der nächsten Seite zeigt, wie die Blütenorgane einer Zwitterblüte aufgebaut sind. Von außen nach innen erkennst du die Kelchblätter (grün) und die meist auffällig farbigen Blütenblätter. Es folgen die Staubblätter (Staubfaden und Staubbeutel), das sind die männlichen Geschlechtsorgane der Blüten, in denen der Pollen (Blütenstaub) gebildet wird. Im Blüteninneren befindet sich der weibliche Teil der Blüte, der Stempel, der sich aus Fruchtknoten mit Samenanlage, Griffel und Narbe zusammensetzt.

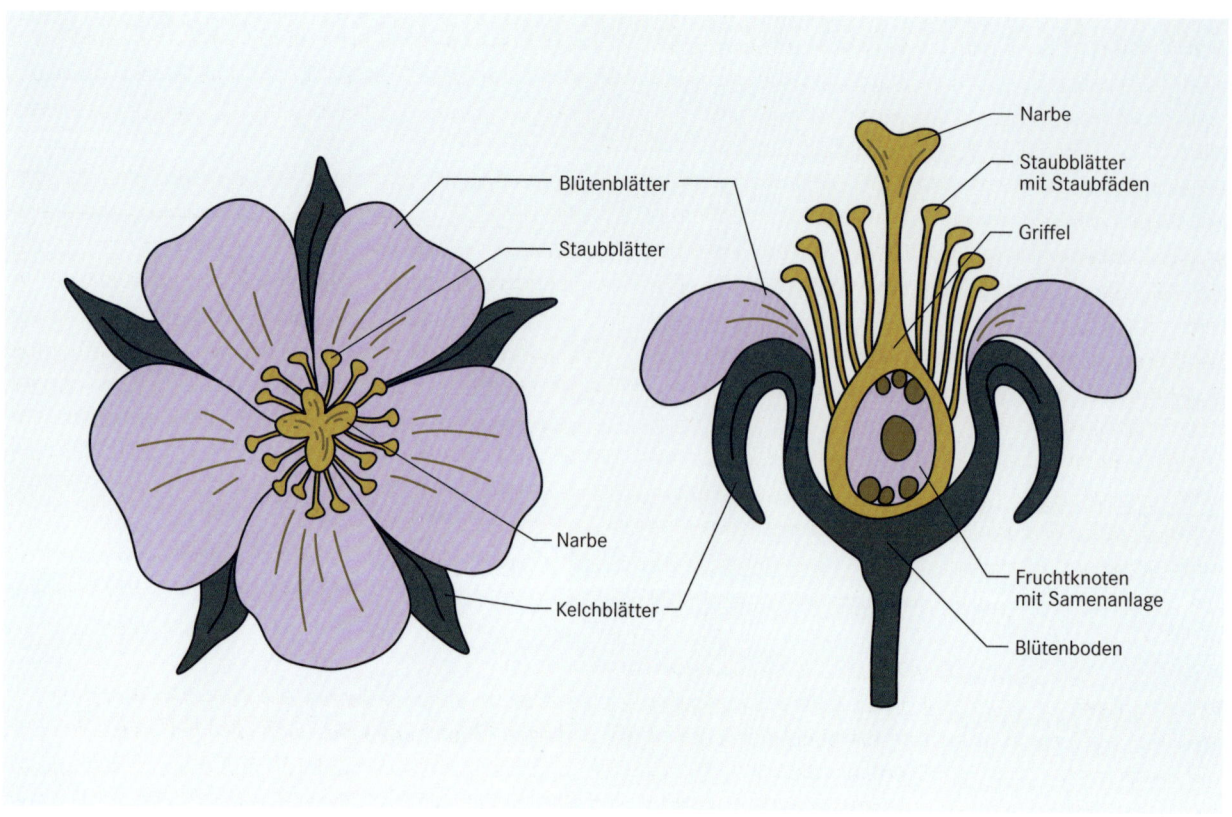

So ist eine Zwitterblüte aufgebaut.*

Labels in figure:
Blütenblätter
Staubblätter
Narbe
Kelchblätter
Narbe
Staubblätter mit Staubfäden
Griffel
Fruchtknoten mit Samenanlage
Blütenboden

NEUES PFLANZENLEBEN ENTSTEHT: BESTÄUBUNG

Gelangen die winzigen Pollenkörner auf eine Blüte, nennt man das **Bestäubung**. Zur **Befruchtung** kommt es erst, wenn männliche und weibliche Geschlechtsorgane tatsächlich aufeinandertreffen: Die winzigen Pollenkörner treffen auf die Narbe, die eine klebrige Flüssigkeit ausscheidet, welche die Pollenkörner an ihr haften lässt und sie zum Keimen bringt. Danach wandern sie durch den Griffel in den Fruchtknoten und befruchten jeweils eine Eizelle. Aus diesen entwickeln sich die Samenkörner, aus dem Fruchtknoten die Hüllen, in denen die Samenkörner dann sitzen, wie z. B. die Erbse in einer Schote, die Tomatensamen in leckeren Früchten und die Mohnsamen in Kapseln.

ARTEN DER BEFRUCHTUNG

Einige Pflanzen nutzen ihren eigenen Pollen, um die Narbe zu bestäuben. Es sind daher Selbstbestäuber bzw. **Selbstbefruchter**. Bestäubung und Befruchtung können bei manchen Arten sogar schon innerhalb der Knospe erfolgen, also noch bevor sich die Blüte öffnet. In der Natur kommt das sehr selten vor, bei Kulturpflanzen einiger Arten, wie Salaten, Erbsen und Auberginen, ist es nicht ungewöhnlich. Damit der Pollen von den Staubblättern auf die Narbe gelangt, benötigen manche Selbstbestäuber die Hilfe von Insekten oder den Wind, der an ihren Blüten rüttelt. In großen Tomaten-Gewächshäusern werden dafür beispielsweise Hummelvölker oder Ventilatoren eingesetzt. Baust du die Pflanzen im kleineren Stil im Gewächshaus an, reicht es aus, sie hin und wieder etwas zu schütteln. Im Freiland ist das nicht nötig.

*In Anlehnung an: Kawollek, Wolfgang & Marco (2016),
 Alles über Pflanzenvermehrung, Stuttgart (Ulmer), S. 11.

Was passiert aber, wenn die Hummel vorher in den Blüten einer anderen Tomatensorte saß und fremden Pollen mitbringt? Oder wenn verschiedene Sorten in stürmischen Zeiten dicht nebeneinanderstehen? Du ahnst es vermutlich: Es kommt auch bei den Selbstbefruchtern zu Verkreuzungen. Dann hat die Salattomate, die 2023 ebenmäßig rot gefärbt war, 2024 plötzlich gelbe Streifen; die gelbe Fleischtomate hat ihre Rippen verloren und trägt stattdessen ein kleines Zipfelchen am Blütenansatz. Schmecken diese Beeren (Tomaten sind nämlich Beeren), kannst du dich darüber freuen, sie weitervermehren und schauen, ob die zufällig entstandene neue Sorte stabil bleibt. Du kannst aber mit einfachen Mitteln ganz natürliche Tomatenverhütung betreiben. Wie das geht, erkläre ich dir auf S. 85.

Die meisten Pflanzen sind Fremdbestäuber bzw. **Fremdbefruchter**. Sie lassen ihren Pollen auf andere Gewächse derselben Art oder Sorte übertragen (z. B. Kohl, Radieschen oder Sonnenblume). Die farbenprächtigen Blüten der Pflanzen, ihre vielfältigen Erscheinungsformen und Düfte erfreuen dich ebenso wie deine*n Nachbar*in. Eigentlich dienen sie aber dazu, die Bestäuberinsekten anzulocken. Deshalb sollte ein Samengarten, auch wenn er eher als Nutzgarten angelegt ist, naturnah gestaltet sein und einheimischen Wildpflanzen Raum geben, um möglichst vielen verschiedenen Bienen, Schmetterlingen und Käfern Nahrung zu bieten.

Bestäuberpflanzen und -insekten haben sich im Laufe der Evolution aneinander angepasst, ohne einander könnten sie nicht überleben. Viele von ihnen stehen mittlerweile auf den Roten Listen gefährdeter Arten. In diesem Buch liefere ich dir zahlreiche Ideen, wie du Nützlinge in deinen Garten holst und ihnen etwas Gutes tust. Nur wenige Fremdbefruchter wie Mangold, Spinat sowie Gräser kommen ohne Insekten und auffällige Blüten aus, weil ihr Pollen so fein ist, dass der Wind für die Bestäubung sorgt.

Die Fremdbestäubung hat den großen Vorteil, dass die Gene ordentlich durchgemischt werden und neue Kombinationen entstehen, sodass die Nachkommen verbesserte Eigenschaften aufweisen, die sie z. B. widerstandsfähiger machen. Viele Arten mit zwittrigen Blüten (z. B. Apfel, Birne, Kirsche, Kohl und einige Kürbisarten) sind **selbststeril**. Ihre Blüten können einander nicht gegenseitig bestäuben, der Pollen einer Pflanze keimt nicht auf der Narbe derselben. Das verhindert Inzucht, die degenerierte Pflanzen, Verlust an Vitalität und Ertrag zur Folge haben kann, und gewährleistet eine natürliche genetische Vielfalt. Verkreuzungen zwischen den einzelnen Sorten kommen bei Fremdbefruchtern natürlich häufiger vor als bei Selbstbefruchtern.

Schon wieder: Verkreuzungen! Wenn du jetzt die Hände über dem Kopf zusammenschlägst und denkst, um Himmels willen, wie soll ich die denn alle auseinanderhalten – mach dir keine Sorgen. Die Saatgutvermehrung ist keine Geheimwissenschaft. Du erfährst in diesem Buch genau, wer sich gern mit wem verkreuzt und wie du das verhindern kannst. In diesem ersten Kapitel steckt viel Theorie, um dir die wichtigsten Grundbegriffe der Pflanzenvermehrung zu erklären. Sie werden immer mal wieder auftauchen und bei Bedarf kannst du dann einfach an den Anfang zurückblättern. Ab jetzt wird es auf jeden Fall praktischer, versprochen!

Ran ans Bestäubungs-Buffet ...

Bienen und Co sind in einem Naturgarten immer fleißig im Einsatz. Dementsprechend oft werden sie dir im Buch auch begegnen. Denn so viel ist schon mal klar: Pflanzenvermehrung ohne die kleinen Bestäubungs-Helferinnen? Unmöglich. Mit selbst gewonnenem Saatgut und den Pflanzen, die daraus werden, leistest du also unter anderem einen Beitrag zum Insekten- und Bienenschutz. Übrigens: Ab S. 57 findest du viele Informationen, wie du den Naturschutz im eigenen Garten am besten angehst. Aber jetzt geht's erst einmal los mit den Vermehrungs-Basics!

DIESER MOMENT ... WENN KEIMLINGE IHRE BLÄTTER AUS DER ERDE STRECKEN: PFLANZEN AUS SAMEN ZÜCHTEN, STEP BY STEP

Bei der generativen Pflanzenvermehrung wächst also die Pflanze aus einem kleinen Samenkorn heran. Dabei wird das Erbgut der Pflanzeneltern einmal schön durchgeschüttelt, was bedeutet, dass die kleine Jungpflanze zwar den Eltern ähnlich, aber nicht mit diesen identisch ist. Vielfalt: top! Wenn du dich bisher noch nicht getraut hast, selber Samen abzunehmen, dann leg am besten los mit Step 1 (S. 15).

Du startest bei null? Kein Problem! Um ein Gefühl für das Samengärtnern zu bekommen, ist es wichtig, einmal ganz von vorn zu beginnen, also zu schauen, wie aus einem Samenkorn eine Pflanze wird. Hier bekommst du dazu alle Infos: übers Aussäen, Pikieren, wie du deinen Jungpflanzen hilfst, den großen Sprung ins Beet zu schaffen, und wie du die Samenträger (also diejenigen Pflanzen, von denen du Saatgut gewinnen willst) auswählst und pflegst.

Bevor es losgeht, eins noch vorab: Wenn du zum ersten Mal eigene Samen erntest, wirst du erstaunt sein, wie viele Samen deine Pflanzen produzieren. Die reinste Verschwendung? Eigentlich nicht. In der Natur gibt es viele Unwägbarkeiten. Die Standorte, an denen die Samen landen, können ungünstig sein. Wildvögel haben Samen zum Fressen gern. Selbst wenn die Samen keimen, kann es passieren, dass Trockenheit die Keimlinge zunichtemacht oder dass Regengüsse sie wegspülen. Zarte Pflänzchen können von anderen, kräftiger wachsenden Arten verdrängt werden. Außerdem sind sie ein Gaumenschmaus für Schnecken; auch größere Pflanzenfresser wie Hasen und Rehe können so einiges verputzen.

STEP I | PFLANZEN VERMEHREN? LÄUFT! MIT SAMEN AUS DER TÜTE

Als ich anfing, mit Wildpflanzen zu gärtnern, habe ich mir ein paar Tütchen mit Saatgut gekauft und dieses im Frühjahr in die kleinen Lücken gestreut, die ich in den Staudenbeeten meiner Mutter finden konnte. Darunter waren Samen von Sand-Thymian (er braucht magere, trockene Standorte und viel Licht – beides war nicht vorhanden), Alant (er muss unbedingt in Töpfchen vorgezogen werden, Direktsaat ins Beet ist immer für die Katz) und Schlüsselblumen. Bei Letzteren erinnere ich mich, dass auf der Packung stand, man solle sie im Herbst aussäen. Das ignorierte ich getreu dem Motto: In der Natur funktionieren die Wildpflanzen doch auch ohne Packungsanleitung. Das Ergebnis war frustrierend. Außer den Schlüsselblumen kam nichts – und diese auch erst im Frühjahr des Folgejahres. Bis zur Blüte verging ein weiteres Jahr. Klar, bei Kaltkeimern geht es gar nicht anders, denn sie brauchen den Kältereiz im Winter, um überhaupt keimen zu können – mehr dazu auf S. 16. So etwas wird dir jedenfalls nicht passieren! Pflanzen zu kultivieren und ihnen optimale Bedingungen für ihr Gedeihen zu geben, ist gar nicht schwer, wenn man ein paar Dinge weiß.

DORNRÖSCHEN IN DER TÜTE – DIE KEIMRUHE

Die Samen, die in deinen Tütchen stecken, haben ihre Lebensvorgänge auf ein Mindestmaß reduziert, sie befinden sich sozusagen im Winterschlaf. Erst nach der Aussaat beendet **Wasserzufuhr** die Keimruhe. Die Samenschale bricht auf und die Keimwurzel dringt in die Erde ein. Es entwickeln sich zunächst die Keimblätter, bei manchen Arten über, bei manchen unter der Erde. Und schon bald darauf erscheinen die ersten Laubblätter. Aus dem Keimling ist ein Sämling geworden.

Das funktioniert aber nur dann, wenn die Samen auch bereit sind, aufzuwachen, also zu keimen. Manche Samen keimen gleich nach der Reife, andere brauchen ein **Ruhestadium**, sie müssen nachreifen. Diese tolle Einrichtung der Natur dient dazu, dass nicht jedes Korn gleich aufgeht und unter widrigen Umständen dann auch gleich alle sterben. Würden z. B. alle Karottensamen, die im Spätsommer ausreifen und auf die Erde fallen, gleich keimen, würde der Winter die zarten Pflänzchen erfrieren lassen. Würden die reifen Tomatensamen schon in der saftigen Frucht zu keimen beginnen, wäre keine Samenernte möglich. Du kannst die Natur aber austricksen, indem du z. B. Samen, die für die Keimung eine Kälteperiode brauchen, für eine Weile in den Kühlschrank verbannst, um sie wach zu küssen. Doch dazu gleich mehr.

Sie werden so schnell groß: Da sind sie, die ersten Tomaten-Keimblätter.

DIE IDEALEN AUSSAATZEITEN

Um zu keimen, brauchen Samen bestimmte Temperaturen. Die meisten Pflanzen und fast alle Gemüsesorten sind **Warmkeimer** oder Normalkeimer. Sie werden im Frühjahr ausgesät. Um die Ernteperiode zu verlängern bzw. um überhaupt eine nennenswerte Ernte einfahren zu können, werden viele Gemüsearten vorkultiviert, das bedeutet an einem warmen Ort ausgesät und aufgepäppelt, wenn das die Temperaturen im Freiland noch nicht zulassen. Bei Paprika, Chili, Aubergine und Tomate z. B. braucht es viele Monate, bis aus den Samen kräftige Pflanzen gewachsen sind, die Früchte tragen. Sie keimen auch im Freiland, aber eben erst bei 20–25 °C, das wäre im Mai oder im Juni. Zu spät im Jahr für die Anzucht, denn wenn sie dann endlich Früchte tragen, gibt es vermutlich auch schon die ersten Nachtfröste und die Pflanzen sind hinüber. Viele Wildpflanzen, wie Akeleien, Baldrian, Eselsdisteln und Hahnenfuß sind **Kühlkeimer**. Man sät sie im zeitigen Frühjahr (zwischen Februar und April) oder im September ins Freiland oder in Töpfchen oder Schalen, die im Freien aufgestellt werden, und hält sie feucht. Keimen sie nicht, ist es ihnen schlicht zu warm. Da hilft dann nur ein Wetterwechsel oder eine Extra-Kältebehandlung. Dafür steckst du die Töpfe mit der feuchten Erde und den Samen in eine Plastiktüte und stellst sie in den Kühlschrank. Sobald sie keimen, musst du sie befreien (sie brauchen jetzt Sauerstoff)

Das bisschen Schnee? Ist kein Problem für Kaltkeimer.

und sie wieder ins Freie bringen, wo sie sich weiterentwickeln.

Ein wenig komplexer ist das bei den sogenannten **Kaltkeimern**, dazu zählen z. B. Bärwurz, Frauenmantel, Knoblauchsrauke, Kuhschelle, Eisenhut, Schlüsselblume und viele Wildsträucher. In der Natur fallen ihre reifen Samen im Herbst oder Spätsommer aus und können in der feuchten Erde und bei moderaten Temperaturen erst mal aufquellen. In den darauffolgenden kalten Monaten finden im Samenkorn biochemische Vorgänge statt, die es im Frühjahr, wenn es wieder wärmer wird, keimen lassen. Auch das kannst du einfach nachmachen: Säe deine Kaltkeimer im Spätsommer oder Herbst in Töpfchen mit Erde und wässere sie schön. Die Töpfchen bleiben auch im Winter draußen stehen, eine Schneedecke macht ihnen ebenso wenig aus wie Eis. Im Frühjahr werden die Samen aufgehen.

Und wenn nun gerade Frühling ist, du aber die Bärwurz unbedingt aus ihrem Dornröschenschlaf erwecken willst? Dann kannst du den natürlichen Prozess nachahmen. Bei der **Stratifikation**, wie diese Kalt-Nass-Behandlung genannt wird, stellst du die Aussaattöpfchen für zwei bis vier Wochen bei 15–20 °C auf (gegebenenfalls im Haus) und hältst sie schön feucht. Dann kommen die Töpfe in eine Plastiktüte und ab damit in den Kühlschrank, wo sie für vier bis sechs Wochen bei Temperaturen zwischen 2 und 8 °C bleiben. Mitunter keimen die Samen nun schon. Aber auch wenn nicht, brauchen sie jetzt für mindestens eine Woche Temperaturen zwischen 5 und 10 °C (nicht mehr). Das konstante Halten der Temperaturen kann die größte Herausforderung bei dem ganzen Prozedere sein. Stell die Töpfe keinesfalls in die pralle Sonne, unter Umständen (witterungsbedingt) gefällt es ihnen auf der hellen Fensterbank im Keller am besten. Klingt schwierig, aber diese Methode funktioniert meist wunderbar!

Übrigens: Wenn du keine Erde im Kühlschrank haben möchtest, kannst du hier von Anfang an auch feuchten Sand verwenden.

DIE EINEN BRAUCHEN LICHT, DIE ANDEREN NICHT

Ja, auch das musst du wissen. Es gibt Licht- oder Hell-keimer und Dunkelkeimer. **Lichtkeimer** keimen tat-sächlich nur, wenn sie nicht mit Erde bedeckt sind. Dazu gehören Dill, Kamille, Basilikum oder Fingerhüte. Drücke das Saatgut nach der Aussaat nur sanft an! Wenn du Samen in Töpfchen säst, müssen diese im Hellen stehen.

Dunkelkeimer wie Bohnen, Erbsen und Kapuziner-kresse hingegen werden mit Erde bedeckt. Sobald die Keimlinge aus der Erde ragen, brauchen auch sie na-türlich Licht.

Viele Saatguthändler vermerken die optimale Aus-saattiefe auf den Tütchen, wie auch die besten Aus-saatzeiten und die Pflanzabstände. Wenn du keine Informationen zur Aussaattiefe hast, bedecke das Saatgut einfach mit Erde in ein- bis dreifacher Samen-größe.

DIE DREI AUSSAATMETHODEN

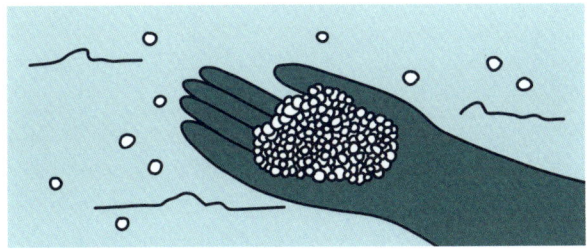

Bei der **Breitsaat** verteilst du die Samen breit und möglichst gleichmäßig auf der Aussaatfläche. Sehr feines Saatgut kannst du mit der doppelten Menge Sand mischen, so lässt es sich besser verteilen. Die-se Methode wende ich bei vielen meiner Wildpflanzen an, die dann grüppchenweise im Garten stehen, z. B. Klatsch-Mohn, Kornblumen und Vergissmeinnicht. Aber auch Getreide und Grünpflanzen wie Spinat und Feldsalat werden gern breitwürfig gesät.

Bei der **Reihensaat** lässt du das Saatgut in vorberei-tete Rillen rieseln. So hat es Oma Emma mit ihrer Ge-müsesaat gemacht, sie hat ihre Beete ohnehin immer in Reih und Glied angeordnet: eine Reihe Salat, eine Reihe Karotten und Zwiebeln in Mischkultur, eine Rei-he Erdbeeren, eine Reihe Rüben usw. Ein akkurat an-gelegter Gemüsegarten mag Geschmackssache sein, die Reihen haben allerdings den Vorteil, dass sie ein-facher zu pflegen sind – man kann sie zügig abgehen, gießen, hacken, anhäufeln, von Beikräutern befreien und beernten.

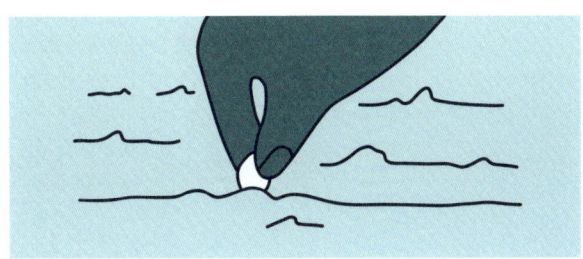

Wenn du die Samen einzeln in den Boden legst, nennt man das **Punktsaat**. Die ist vor allem bei handlichen Samen sinnvoll, die man gut mit den Fingern greifen kann. Dazu gehören Erbsen, Mangold oder Sonnen-blumen. Hier muss dann später auch nicht vereinzelt (pikiert) werden, wenn die Pflanzen zu dicht stehen. Womit wir gleich beim nächsten Thema wären.

DIE PFLANZABSTÄNDE

Wenn du selbst Saatgut von deinen Pflanzen nimmst, hast du mit Sicherheit mehr, als du selber verbrauchen kannst. Aber viel hilft hier nicht viel. Egal, welche Aussaatmethode du anwendest, du solltest immer versuchen, möglichst sparsam auszusäen. Aus den winzigen Samenkörnern können sehr große Pflanzen werden. Radieschen z. B. brauchen einen **Mindestabstand** von 4 cm voneinander. Stehen sie zu eng, bilden sie zwar jede Menge Blätter, aber nicht die köstlichen Knöllchen aus. Kopfsalate benötigen, um schöne große Köpfe auszubilden, 30 cm Abstand. Eine kräftige Mohnpflanze, eine Karde oder eine Artischocke kann sich bis auf einen Quadratmeter erstrecken.

Stehen deine Pflanzen zu eng, musst du sie unbedingt **ausdünnen**, also herauszupfen, was zu viel ist. Idealerweise wässerst du die Pflanzen schon am Vorabend kräftig, dann lassen sie sich besser aus der Erde ziehen, ohne dass dabei die Wurzeln der Auserwählten, die stehen bleiben dürfen, verletzt werden. Und sind die Ausgezupften noch intakt, kannst du sie dort, wo Platz ist, vorsichtig wieder einpflanzen. Im Abschnitt über das Pikieren (S. 21) erkläre ich genau, wie das geht.

AUSSAAT IM FREILAND ODER BESSER VORKULTUR?

Viele Wildpflanzen und Sommerblumen, aber auch Gemüse wie Spinat, Feldsalat und Karotten kannst du direkt an Ort und Stelle in vorbereitete Beete säen. Der Boden sollte locker, von Wurzeln und Beikräutern befreit, feinkrümelig und feucht sein. Hier spricht man von **Direktsaat**, im Gegensatz zur Aussaat in Töpfchen und Schalen, der Vorkultur.

Oma Emma säte alles direkt in die Beete. Na ja, bis auf die Tomaten, die zog ihre Schwester Hertha in der warmen Küche vor. Viele wärmeliebende Gemüsearten, die man vorkultivieren muss, waren damals auch noch nicht so verbreitet, zumindest nicht in Mitteldeutschland. Knollenfenchel, Auberginen, Mais oder gar Melonen habe ich in Oma Emmas Garten nie gesehen.

Der Nachteil der Direktsaat ist, dass Samen und später Pflänzchen Wetterumschwüngen, Regengüssen und Fressfeinden direkt ausgesetzt sind. Um deine Töpfchen kannst du dich besser kümmern, sie feucht halten, abdecken oder, wenn es nötig sein sollte, in den Schatten stellen. Von Vorteil ist natürlich, dass direkt gesäte Pflanzen von Anfang an robuster in der Erde stehen.

Die **Vorkultur** kann der Jahreszeit und den Möglichkeiten entsprechend im Haus oder im Freien erfolgen. Du brauchst gar nicht besonders viel Equipment dazu: Erde, Aussaatschalen und Töpfchen, Etiketten zum Beschriften, eine Gießkanne, eine Sprühflasche und ein kleines Holzstäbchen reichen für den Anfang.

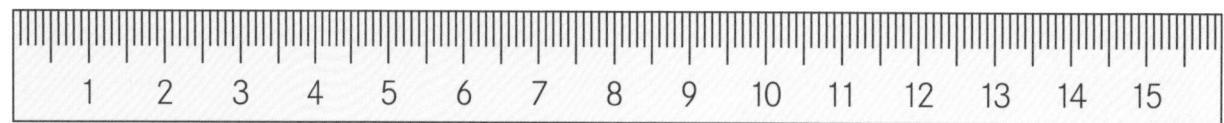

WELCHE ERDE EIGNET SICH FÜR DIE AUSSAAT?

Für die Aussaat brauchst du feinkrümelige, magere Erde. Je nährstoffärmer sie ist, desto besser können sich die Wurzeln ausbilden. Im Gartencenter kannst du ungedüngte Bio-Erden sowie spezielle Anzuchterden kaufen. Achte unbedingt darauf, dass sie torffrei sind, denn der Torfabbau wirkt sich katastrophal auf die Umwelt aus. (Mehr dazu erfährst du auf S. 57.) Alternativ kannst du es auch mit der Erde von Maulwurfshügeln versuchen. Feiner als der Maulwurf kann keiner den Boden sieben. Ist diese Erde sehr lehm- oder tonhaltig, mische sie einfach mit etwas Sand und entferne alle darin enthaltenen Wurzelstückchen.

Wenn du die Keimlinge später vereinzelst (pikierst), dürfen sie in etwas nährstoffreichere Erde wandern. Ich verwende dazu seit Jahren erfolgreich torffreie Bio-Universalerde. Aber auch hier funktioniert Material aus dem Garten: eine Mischung aus Erde von Maulwurfshügeln, Sand und gesiebtem Kompost. Letzterer sollte allerdings schon mindestens ein Jahr geruht haben. In frischem Kompost leben viele kleine Insekten und Würmer, die die Keimlinge schädigen können. Manche Hobbygärtner*innen sterilisieren ihre Anzucht- und Pikiererden im Backofen (30 Minuten bei 100 °C), um auch Pilze und andere Krankheitserreger abzutöten. Das funktioniert, stinkt aber gewaltig!

AUSSAAT IN TÖPFCHEN UND SCHALEN

Man sät in mindestens 5 cm tiefe Saatkisten, Töpfchen oder Modulpaletten mit vielen gleich großen Plugs (Einzelzellen) und pikiert die Pflanzen später in größere Töpfe, wo sie sich bis zum Auspflanzen entwickeln.

Für die Anzucht eignen sich alle möglichen Töpfe oder Schalen, auch Joghurtbecher, Eierkartons oder der Pappkern von Klopapierrollen. Optimal sind Gefäße aus Ton, aber sie sind schwer und brauchen wesentlich mehr Wasser, weil dieses über die Gefäßwände verdunstet. Ich verwende stabile Modulpaletten und Profischalen aus Kunststoff, die frost- und lichtbeständig sind, ansonsten die handelsüblichen 9er-Kunststofftöpfe (= 9 cm hoch), in denen mir meine Lieblingsgärtnereien die Mutterpflanzen liefern. Man kann die Töpfe jahrelang immer wieder verwenden.

Stehen die Töpfe in stabilen Schalen, kannst du sie damit schnell an einen anderen Ort tragen, z. B. wenn ein Gewitter droht oder die Jungpflanzen bei großer Hitze die Köpfe hängen lassen und Schatten brauchen. Außerdem fließt das Gießwasser nicht gleich ab, sondern sammelt sich in den Schalen. Egal, wofür du dich entscheidest, wähle keine Kunststoff-Billigvarianten, sie brechen meist schon im ersten Jahr und verteilen Plastikmüllteilchen in deinem Garten. Gegen auspflanzbare Recycling-Töpfe aus Holzfasern oder Altpapier ist nichts einzuwenden. Aber verwende bitte keine kompostierbaren organischen Pflanztöpfe aus Torf, denn der Torfabbau ist (wie bereits gesagt) aus ökologischer Sicht höchst problematisch.

Du füllst die Saatgefäße randvoll locker mit Erde, streichst diese glatt, drückst sie leicht an und wässerst sie vorsichtig, am besten mit einer Gießkanne mit langem Hals. Dann kommen die Samen drauf und am Ende werden sie nochmal mit etwas Erde bedeckt (außer bei den Lichtkeimern, die werden ja nur angedrückt). Verteile mit der Sprühflasche noch etwas Wasser darüber.

So, oder so ähnlich, könnte es dann auch in deinen Aussaatschalen aussehen.

Viele Gemüsearten (z. B. Tomaten, Paprika, Auberginen) lassen sich wunderbar auf dem Fensterbrett vorkultivieren. Idealerweise ist das ein sonniges Südfenster, denn wenn es zu dunkel ist, wachsen die Stängelchen der Pflanzen dürr und unnatürlich lang in Richtung Licht. Perfekt ist, wenn sie erst einmal möglichst gedrungen wachsen. Wenn du kein Sonnenfenster für die Anzucht hast oder das Wetter nicht mitspielt, kannst du auch mit LED-Pflanzlicht und Heizplatten arbeiten. Ein keimungsförderndes Kleinklima (Wärme und Feuchtigkeit) schaffen kleine Zimmergewächshäuser oder Folien, die über die Aussaatgefäße gezogen werden.

Vermeide es, frische Aussaat starker Sonne auszusetzen. Wenn du die Anzuchtgefäße nicht herumtragen willst, decke sie mit etwas Zeitungspapier ab. In der ersten Zeit ist es wichtig, dass du die Aussaaten ausreichend feucht hältst, damit die Samen ohne Unterbrechung quellen können. Beim Angießen musst du sehr behutsam vorgehen, damit die Samen nicht weggeschwemmt werden. Deswegen benutze ich dafür gern eine Sprühflasche. Bei sehr feinen Samen ist es sogar besser, die Aussaatgefäße in Schalen mit Wasser zu stellen: Die Erde saugt sich von unten mit Wasser voll. Wenn die Keimlinge in der Erde sichtbar werden, darf diese nicht austrocknen, aber auch nicht zu nass sein. Sie sollte, bevor wieder gegossen oder gesprüht wird, immer erst leicht abgetrocknet sein, sonst können sich Pilze bilden, die den Keimlingen schaden. Du musst die kleinen Pflänzchen anfangs also immer gut im Auge behalten! Das Gießwasser sollte so warm sein wie der Aussaatort. Bei mir steht daher meistens eine gefüllte Wasserkanne neben den Anzuchtgefäßen.

Nebenbei:

In einem Frühbeet (Mistbeet) kannst du deine Gemüsepflanzen schon zeitiger vorziehen. Bauanleitungen für solche Bretterkästen mit aufgelegten Fensterscheiben findest du im Netz. Mit **Gewächshäusern**, **Folientunneln** und **Hochbeeten** lässt sich die Saison natürlich ebenfalls verlängern.

ACHTUNG! WILDPFLANZEN-ANZUCHT

An dieser Stelle ein wichtiger Hinweis: Immer wieder berichten mir Kund*innen, dass sie mein Wildpflanzen-Saatgut im (Gewächs-)Haus vorziehen. Das ist nicht nur überflüssig, sondern schadet den Pflanzen! Anzucht kann der einen oder anderen mediterranen Pflanze einen Wachstumsvorsprung verschaffen und ist bei vielen Kräuter- und Blumenzüchtungen auch richtig. Aber echte mitteleuropäische Wildpflanzen brauchen diese Spezialbehandlung nicht. Sie kann sogar von Nachteil sein, weil die Pflanzen zu sehr verzärtelt werden, schnell zu hoch hinausschießen, wassersüchtig und wärmeverliebt später an ihrem Bestimmungsort vor sich hin kümmern oder im schlimmsten Fall eingehen. Unsere einheimischen Pflanzen gedeihen unter natürlichen Bedingungen besser.

Das heißt übrigens nicht, dass Wildpflanzen nicht auch in Anzuchtgefäßen wachsen. Außer bei denjenigen, die nur direkt gesät werden sollten, weil sie sich ungern verpflanzen lassen (z. B. Klatsch-Mohn), empfehle ich die Anzucht in Töpfchen sogar. Dann sind Samen, Keimlinge und Jungpflanzen weniger durch hungrige Schnecken und Vögel gefährdet, feines Saatgut kann durch Regen- und Gießwasser nicht weggespült werden und vor allem ist es einfacher, die Töpfchen gleichmäßig feucht zu halten. Wenn die Pflanzen kräftige Wurzelballen ausgebildet haben, werden sie geteilt und ausgepflanzt oder auch schon früher pikiert. Und genau darum geht es jetzt.

DAS PIKIEREN

Sind bei deinen Sämlingen nach den Keimblättern die ersten echten Blätterpaare erschienen? Berühren sie sich gegenseitig an den Blättern und erscheinen dir auch groß genug, dass du sie anfassen kannst, ohne sie zu beschädigen? Dann ist es an der Zeit, sie zu pikieren. Denn wenn du sie vereinzelst und in größere Gefäße umsetzt, erhalten sie dort mehr Platz, Licht, Luft und Nährstoffe und können sich optimal entfalten.

Hier siehst du die Tomatenpflanzen vor dem Pikieren …

… und so kannst du dir das Pikieren vorstellen: Eine Pflanze nach der anderen zieht in ein größeres Gefäß um.

Fahre mit einem Löffelchen oder einem kleinen Stöckchen (ich selbst bin bislang sehr gut ohne ein professionelles Pikierholz ausgekommen) behutsam unter die Wurzeln der Sämlinge, hebe sie an und löse sie voneinander. Fasse sie dabei besser am Blatt als am zarten Stängelchen an. Sind die Sämlinge schon recht groß und haben lange Wurzeln, kannst du Letztere abknipsen, dadurch bilden sich neue Wurzelverzweigungen und der Wurzelballen wächst dichter.

Dann bohrst du in die feuchte Erde des neuen Pflanzgefäßes ein trichterförmiges Loch. Verwende dafür den Finger, den Stiel des Löffels oder ein bleistiftstarkes Stöckchen und lass anschließend an diesem entlang den Sämling mit der Wurzel hineingleiten, möglichst tief, bis zu den ersten Keimblättern. Drücke ringsum behutsam die Erde an, ohne Stängel und Wurzeln zu beschädigen. Gib ihnen einen kleinen Schluck Wasser und stelle sie ins Licht, ohne sie der prallen Sonne auszusetzen.

In ihrem neuen Zuhause dürfen sich die Pflänzchen nun bis zum Auspflanzen entwickeln. Beim Pikieren werden unvermeidlich Wurzelspitzen abgerissen, das erschwert den Pflänzchen die Wasseraufnahme. Daher ist es sinnvoll, sie am Tag vor dem Pikieren gut zu gießen, so lassen sie sich besser herausnehmen und saugen sich auch noch mal richtig mit Flüssigkeit voll.

Nach dem Pikieren brauchen deine Pflanzen auch weiterhin regelmäßig **Wasser**, aber sei damit sehr sparsam. So bringst du sie dazu, ihre Wurzeln weit auszustrecken, um sich das Nass aus der Erde zu holen. Du darfst die Jungpflanzen hin und wieder sogar ein bisschen ärgern: Puste sie kräftig an und schüttle sie ein bisschen. Wenn du einen Ventilator hast, kannst du ihnen damit auf der niedrigsten Stufe etwas **Wind** zuwehen. So bekommen sie kräftigere Stängel und werden draußen an ihrem Bestimmungsort stabiler stehen.

Und natürlich brauchen sie auch richtig viel **Licht**. Ist das Frühjahr sehr trüb, kannst du den jungen Gewächsen mit LED-Pflanzenlampen beistehen. Diese Leuchten bieten ihnen die roten und blauen Spektralbereiche, die sie brauchen, um das Blattwerk zu entwickeln, zu wachsen und Blüten und Früchte auszubilden. Man beleuchtet die Pflanzen 12–15 Stunden täglich damit. Lichtmangel erkennst du daran, dass sich die Stängelchen immer länger und dünner in die Richtung des Lichteinfalls strecken. Gesunde Pflanzen wachsen langsamer und gedrungener, aber natürlich auch stets in Richtung Licht. Drehe sie, wenn sie am Fenster stehen, von Zeit zu Zeit ein wenig um die eigene Achse.

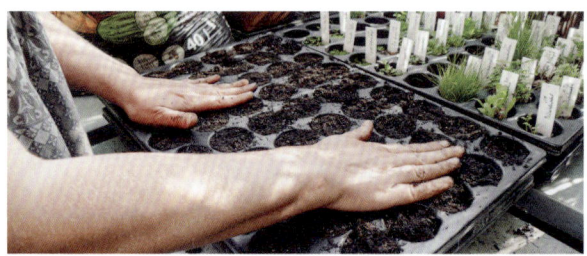

Streiche die Erde glatt.

Drehe die Pflänzchen vorsichtig, um den Wurzelballen zu lockern.

Löse die einzelnen Pflänzchen voneinander.

Lasse die Pflänzchen am Finger ins vorgebohrte Pflanzloch gleiten und drücke die Erde vorsichtig fest.

Gieße die Pflanzstelle.

Beschrifte das Etikett zur Pflanze.

Wenn die Jungpflanzen hoch hinauswollen, aber noch recht wackelig auf den Beinen stehen, stabilisiere sie mit **Pflanzstäben**. Einfache Holzspieße (Grillspieße oder Essstäbchen) reichen als Stütze etwa für Tomatenpflanzen, Paprika, Auberginen, Gurken oder Kürbisse aus.

DAS ABHÄRTEN

Nutze in den Wochen vor dem Einpflanzen gute Witterungsbedingungen und trage die Pflanzen tagsüber nach draußen. An starke Sonneneinstrahlung und Wind müssen sie vorsichtig, am besten stundenweise, gewöhnt werden. Halbschattige Plätzchen sind für die Eingewöhnung ideal. Nach den letzten Frösten, meist Ende Mai, kannst du die Gewächse dann an ihren Bestimmungsort im Freiland setzen.

DIE AUSLESE UND PFLEGE DER SAMENTRÄGER

Du hast nun hoffentlich gesunde Pflanzen aus Samen gezogen, willst aber nicht nur gute Erträge und schöne Blümchen im Garten, sondern auch selber Samen gewinnen. Was musst du dabei schon bei der Aussaat der Mutterpflanzen beachten?

Bei den Wildpflanzen ist es recht einfach: Sie sollten an einem Standort wachsen, der jenen Orten möglichst nahekommt, an denen sie auch in der Natur zu finden sind. Unverträglichkeiten zwischen verschiedenen Wildpflanzenarten gibt es eigentlich nicht. Jedoch haben sie ganz verschiedene Ansprüche an Boden, Licht und Feuchtigkeit. Bärlauch und Fingerhut z. B. bevorzugen als Waldpflanzen feuchte und nährstoffreiche Böden im Halbschatten, Klatsch-Mohn und Kornblume hingegen brauchen ganz viel Sonne.

Dabei sind auch Wildpflanzen bedingt anpassungsfähig. Der Bärlauch etwa verbreitet sich durch Selbstaussaat. Wenn seine Samen so durch deinen Garten wandern, wirst du ihn irgendwann auch an den denkbar ungünstigsten Stellen finden, z. B. an einer Trockenmauer an der Südseite des Hauses. Da wächst er niemals üppig, schmeckt weniger aromatisch, die Blätter welken rasch und er blüht zu früh. Nimmst du von der Pflanze Samen, nimmst du – vereinfacht gesagt – diese Eigenschaften ebenfalls mit. Das ist aber dann kein echter wilder Bärlauch mehr, besonders, wenn er sich schon jahrelang an die neuen, ungeeigneten Standorte angepasst hat.

Bärlauchsamen solltest du daher nur von den prächtigen Exemplaren sammeln, die im Halbschatten unter Laubbäumen und Hecken stehen.

Auch andere Wildpflanzen, die sich jedes Jahr reichlich und zuverlässig aussäen, etwa Vergissmeinnicht, Wegwarte, Mohn oder Knoblauchsrauke, passen sich ebenfalls über die Jahre hinweg den Gegebenheiten deines Gartens an, sie verlieren dadurch an Wildheit und verändern sich genetisch. Ich selbst kaufe aus diesem Grund regelmäßig frische Mutterpflanzen bzw. Samen hinzu und säe oder pflanze sie im Garten aus. Damit die natürliche Vielfalt erhalten bleibt, ist es wichtig, nicht nur ein oder zwei Exemplare einer Art zu beernten, sondern möglichst viele.

Das betrifft ebenfalls die Kulturpflanzen-Sorten. Es wird oft eine Frage des Platzes sein, wie groß der Bestand an Kopfsalaten, Kürbis- und Tomatenpflanzen ausfällt, die als Samenträger im Gemüsebeet stehen. Aber Fakt ist: Je höher die Zahl, desto besser wirkt sich das auf die genetische Vielfalt innerhalb der Sorten und damit auf deren Anpassungsfähigkeit und Vitalität aus!

AUSLESEMETHODEN

Es gibt zwei verschiedene Auslesemethoden. Bei der **positiven Auslese** werden nur die besten Pflanzen als Samenträger ausgewählt, also z. B. die mit den kompaktesten Salatköpfen, mit den größten und am besten schmeckenden Früchten oder auch die, welche besonders früh reifen. Das ist in unseren Breiten etwa bei Tomaten sinnvoll, die es in kühlen und feuchten Sommern manchmal gar nicht bis zur Vollreife schaffen. Bei der **negativen Auslese** werden alle Pflanzen einer Sorte weitervermehrt, die weder krank noch mickrig sind oder andere als die sortentypischen Eigenschaften aufweisen.

Die Auslese erstreckt sich über den gesamten Entwicklungszyklus der Pflanzen. Sie beginnt schon beim Pikieren – nur die kräftigsten Jungpflanzen werden weiterkultiviert. Welches die schönsten Kohlköpfe und Karotten sind, kann natürlich erst entschieden werden, wenn sie erntereif sind. Bei Lagergemüse wie Kürbissen fällt die Entscheidung sogar noch später, wenn du also z. B. Samen von genau jenem Kürbis nimmst, der sich am längsten lagern ließ. Auslesekriterien können auch Widerstandsfähigkeit gegenüber Krankheiten, Trockenheitstoleranz oder Schossfestigkeit sein (Letzteres bedeutet, dass die Pflanzen später in die Höhe schossen und zur Blüte kommen).

Bedenke bei der Standortwahl für die Kulturpflanzen-Samenträger, dass sie oft viel größer werden, wenn sie zur Blüte kommen. Mangold und Zichorien z. B. können dann gute 2 m hoch werden, eine einzige blühende Radieschenpflanze kann einen gesamten Quadratmeter einnehmen. Hoch hinauswachsende Pflanzen mit schweren Samenständen müssen mit stabilen Stäben abgestützt werden, an denen du sie festbindest. Samenstände und Früchte sollten nie auf dem Boden liegen, besonders nicht bei feuchtem Wetter. Ich binde viele meiner samenproduzierenden Wildpflanzen ab dem Spätsommer bündelweise zusammen, um ihre Samenstände zu schützen.

EINJÄHRIGE, ZWEIJÄHRIGE UND MEHR-JÄHRIGE – UND DER UNTERSCHIED ZWISCHEN NUTZUNGS- UND SAMENREIFE

Einjährige Pflanzen kommen schon im ersten Jahr zur Blüte und Fruchtreife und bilden Samen aus. Danach sterben sie ab. Vom Wilden Stiefmütterchen, von Borretsch, Basilikum, Erbsen, Tomaten oder Gurken kannst du schon im Aussaatjahr Samen nehmen.

Zweijährige Pflanzen kommen erst im zweiten Jahr zur Blüte und Samenreife, danach sterben sie ab. Die Wegwarten, Natternköpfe, Nachtkerzen und Königskerzen, die du 2023 aussäst, werden im Aussaatjahr erst einmal nur Blätter ausbilden, mit ihren Blüten bezaubern sie dich und die Bienen dann 2024. Im Bild siehst du rechts vorne eine Königskerze im ersten Standjahr, links im zweiten Jahr kurz vor der Blüte. Zweijährige Gemüsepflanzen wie Karotten, Mangold, Zichorien und Kohlrabis produzieren das Nutzgemüse schon im Aussaatjahr, Samen aber erst im Folgenden. Die Samenträger müssen also über-wintert werden. Während Mangold und Zichorien den Winter über draußen bleiben können, benötigen Karotten und Kohlrabis, die als Samenträger dienen sollen, ein frostsicheres und stockdunkles **Winterquartier**, sonst würden sie austreiben und erfrieren. Lege diese Gemüse in Kisten mit Sand oder Stroh oder schlage sie in Zeitungspapier ein. Der Lagerort sollte eine Temperatur von maximal 5 °C haben. Verwende nur unversehrtes und trockenes Gemüse und kontrolliere es regelmäßig, damit es nicht fault! Wenn du das Gemüse im Frühjahr wieder nach draußen beförderst, nutze dazu am besten zunächst Töpfe. Gewöhne es ähnlich wie deine vorkultivierten Jungpflanzen ganz allmählich an die Sonne und wässere die Töpfe gut, bis sich wieder Wurzeln gebildet haben.

Mehrjährige Pflanzen schließlich bilden über mehrere Jahre hinweg Samen aus. Manche von ihnen, wie der Schnittlauch, blühen schon im ersten Jahr und produzieren Samen. Andere, wie Oregano, Rainfarn, Spargel und Artischocke, blühen ab dem zweiten oder dritten Jahr – dann aber für viele Jahre.

Die Königskerze beschert dir im ersten Jahr nur Blätter (rechts). Im zweiten Jahr sind dann bereits Blüten zu sehen (links).

Gestützt und gebündelt: Samenstände sollten nie auf dem Boden liegen, besonders nicht bei feuchtem Wetter!

Um zur Samenreife zu gelangen, brauchen die Pflanzen richtig viel Sonne und eine gute Nährstoffversorgung. Sie sollten luftig stehen, um Pilzkrankheiten vorzubeugen. Auch wenn sie zusammengebunden werden, ist es wichtig, dass noch Luft an die Samenstände gelangt.

Die Samen reifen übrigens schneller, wenn die Pflanzen nach der Blüte weniger Wasser bekommen (außer natürlich solche, die in Früchten stecken, Tomaten, Zucchini usw.). Vermeide dabei, von oben über Blattwerk, Früchte und Samenstände zu gießen, sondern wässere in Bodennähe um die Pflanze herum, so kannst du Verbrennungen und Pilzerkrankungen vermeiden.

Ganz schön viel, worum man sich kümmern muss, oder? Aber keine Sorge, du findest alle wichtigen Details in den Pflanzenporträts im zweiten Teil dieses Buches noch mal angeführt. Außerdem ist das auch nicht bei allen Pflanzen so komplex. Ringelblumen oder Tagetes brauchen so gut wie keine Pflege. Von ihnen kannst du quasi im Vorbeigehen immer mal wieder eine Handvoll Samen nehmen. Oder denke an die zigtausend kleinen Samenkörner, die in einer einzigen reifen Mohnkapsel stecken, und der Mohn braucht auch kaum Pflege. Die Kopfsalate, die Oma Emma für den Samennachschub in Blüte gehen ließ, wurden im Grunde einfach nur vernachlässigt. Na ja, unter Beobachtung standen sie schon, da Oma ohnehin jeden Tag in ihren Beeten unterwegs war. Und so entdeckte sie auch im rechten Moment, dass die ersten Salatsamen auszubüchsen begannen. Erst dann schnitt sie die Stängel ab, steckte sie in eine Papiertüte und ließ die Samen in der Scheune nachreifen. Und darum geht es nun.

Die Wiesen-Flockenblume bekommt einen Pflanzstab und wird mit einer Schnur zusammengehalten. Die rankende Wiesen-Platterbse wird durch ein kleines Klettergerüst gestützt.

ETIKETTEN UND AUSSAATSKIZZEN

Früher habe ich es oft vernachlässigt, mir zu notieren, was ich wohin gesät hatte. Aber glaube mir, es kann sehr ärgerlich sein, wenn du den Überblick verlierst und das Chaos ausbricht! Gerade wenn du anfängst zu gärtnern und die Pflanzen noch nicht so gut unterscheiden kannst, ist es von Vorteil, dir gleich aufzuschreiben, was du wo gesät hast. So ersparst du dir später großes Rätselraten. Hast du dein Gemüse in Reihen gesät, stecke an den Anfang jeder Reihe ein Etikett mit dem Namen der Sorte, z. B. ‚Mangold Lucullus‘ und ‚Radieschen Riesenbutter‘. Auch hilft es immens, gleich bei der Aussaat alle Gefäße mit dem Namen der Pflanzen zu beschriften, um sie später nicht zu verwechseln. Die Pflanzetiketten sollten aus witterungsbeständigem Material sein. Benötigst du größere Mengen, wirst du an Kunststoff nicht vorbeikommen. Aber da darfst du ruhig erfinderisch sein und upcyceln, was immer du im Haus so findest und nicht mehr brauchst: leere Quarkbecher oder die Plastikrückseiten alter Bewerbungsmappen z. B. lassen sich prima zurechtschneiden.

Säst du verschiedene Pflanzenarten breitwürfig, was sich z. B. bei blühenden Wildpflanzen gut macht, zeichne dir vorher am besten eine Aussaatskizze. Eine einfache Draufsicht wie im im Bild rechts genügt.

Es ergibt Sinn (und macht im Übrigen auch einen Riesenspaß), solche Pläne schon im Voraus zu erstellen. Skizziere dein Beet, wie es vorbereitet ist, ungefähr maßstabsgetreu auf einem Blatt Papier. Auch Trittsteine oder Wege werden eingezeichnet – die darfst du bei der Anlage eines Beetes nicht vergessen, denn du willst ja irgendwann an die Pflanzen herankommen, um Saatgut zu nehmen, ohne dabei alles rundherum niederzutrampeln. Dann ziehst du in der Skizze Kreise und trägst ein, was du genau wohin säen möchtest. Beachte dabei, dass du höher wachsende Arten im Hintergrund platzierst, niedrigere vorn. Ansonsten lass deiner Fantasie freien Lauf. Du kannst mit Farben und Düften spielen. Einzelne Arten kannst du so einsetzen, dass sie das ganze Beet durchziehen. Und wenn der richtige Monat für die Aussaat gekommen ist, gehst du zu deinem Beet und malst mit einem Stock die Kreise in die Erde, wie sie in deiner Skizze markiert sind. Wenn du irgendwo hellen Sand auftreiben kannst, kannst du die Kreise damit nachzeichnen, so bleiben sie länger sichtbar. In die Mitte jedes Kreises steckst du noch mal einen Stock und los geht's mit der Aussaat. Da du so strukturiert vorgehst, ist es auch kein Problem, einen Teil deiner Samen schon im Herbst, einen anderen erst im Frühjahr auszubringen.

Ich habe hier z. B. die Rückseiten alter Schnellhefter verwendet.

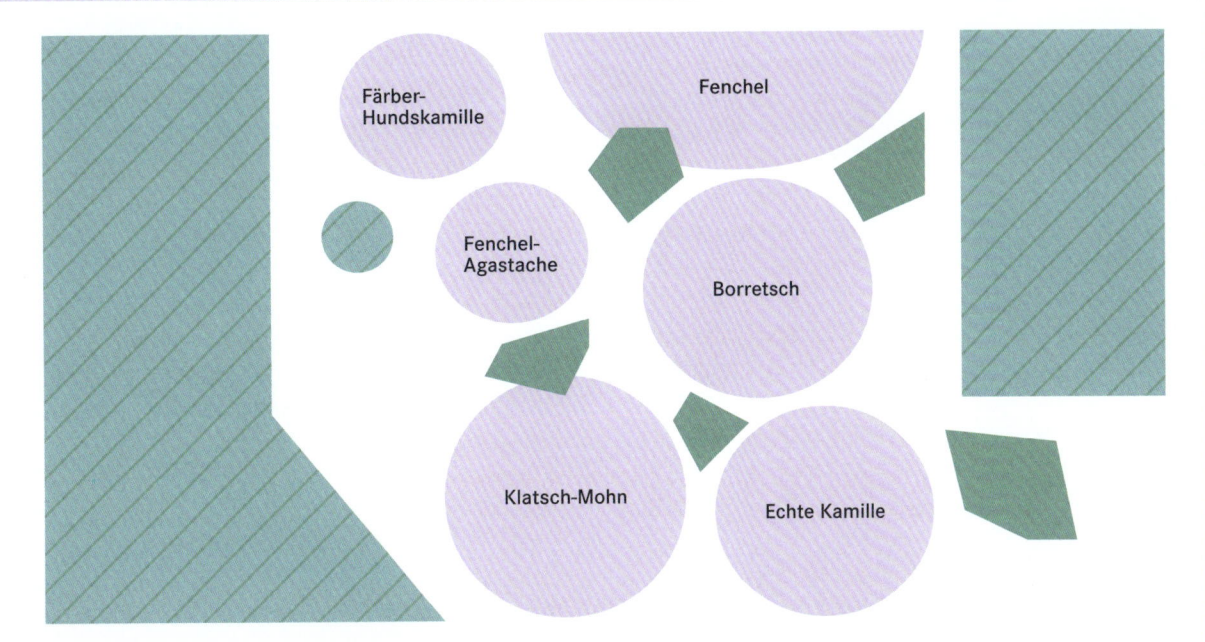

Färber-
Hundskamille

Fenchel

Fenchel-
Agastache

Borretsch

Klatsch-Mohn

Echte Kamille

Aussaatskizzen müssen nicht perfekt sein. Sie erleichtern dir einfach die Planung.

So sieht meine Skizze in die Praxis umgesetzt aus.

VERKREUZUNGEN

Wenn sich Pflanzen der gleichen Art, aber unterschiedlicher Sorten kreuzen, geht die Sortenreinheit verloren, es können unerwünschte Eigenschaften entstehen, die manchmal sogar gefährlich sind. In den Pflanzenporträts ab S. 79 führe ich die jeweiligen Verkreuzungsmöglichkeiten auf. Hier erfährst du in Kürze, was es mit Verkreuzungen auf sich hat und wie sie sich vermeiden lassen.

Im vorigen Kapitel hast du schon gelesen, dass die Gefahr der Verkreuzung vor allem bei Fremdbefruchtern besteht, bei Selbstbefruchtern ist sie geringer. Aber auch die botanischen Namen der Pflanzen geben schon Aufschluss darüber.

Ein kleiner Exkurs: Pflanzen haben einen zweiteiligen botanischen Namen, wobei der erste der Gattungsname ist, der zweite der Artname. Außerdem gehören sie einer bestimmten Pflanzenfamilie an. Nehmen wir z. B. die **Familie** der Kürbisgewächse (*Cucurbitaceae*). Dazu zählen verschiedene **Gattungen**, darunter die Kürbisse (*Cucurbita*), die Gurken (*Cucumis*) und die Honigmelonen (*Cucumis melo*). Zur Gattung der Kürbisse zählen verschiedene **Arten** wie der Riesenkürbis (*Cucurbita maxima*) und der Moschuskürbis (*Cucurbita moschata*), aber auch Ölkürbis, Patisson, Zucchini und Zierkürbis (alle vier *Cucurbita pepo*).

Pflanzen verschiedener Arten verkreuzen sich prinzipiell nicht. Beziehungsweise tun sie es so selten, dass wir es für den Hausgebrauch vernachlässigen können. Ein Moschuskürbis wird sich nicht mit einem Riesenkürbis, einer Gurke, einer Melone oder Zucchini verkreuzen. Aber **Sorten** (Spezies) derselben Art können das sehr wohl, z. B. kann sich der ,Hokkaido'-Kürbis mit dem Kürbis ,Gelber Zentner' verkreuzen, da sie beide zur Art der Riesenkürbisse gehören. Ebenso kann sich eine Zucchini mit dem Zierkürbis im Nachbarsgarten verkreuzen, der giftige Bitterstoffe enthält.

Bei der Saatgutvermehrung von Wildpflanzen spielt das Thema Verkreuzungen keine große Rolle. Es kann nur passieren, dass sie sich mit Kultursorten derselben Art verkreuzen. Bei Akeleien und Fingerhüten

habe ich das beispielsweise beobachtet. Auch wenn dein Schwerpunkt vielleicht auf der Vermehrung von Kulturpflanzen liegt – deine Lieblingskarottensorte sollte nicht gleichzeitig mit der Wilden Möhre blühen, die in deiner Blumenwiese steht. Du wirst enttäuscht sein, wenn du dann im Folgejahr dürre und blasse Wurzeln aus der Erde ziehst. Den Bienen schmecken beide und als strenge Fremdbefruchter sind Doldenblütler besonders verkreuzungsanfällig.

Verkreuzungen von Pflanzen der gleichen Art lassen sich durch **zeitliche oder räumliche Isolation** vermeiden, also dadurch, dass du sie entweder zu verschiedenen Zeiten oder an verschiedenen Orten blühen lässt. Letztlich geht es darum, die Übertragung des Pollens von einer Sorte auf die andere zu verhindern. Bei Pflanzen mit kurzer Kulturdauer, die schnell wachsen, nur einige Wochen oder Monate im Beet stehen bleiben und auch schon recht schnell blühen, ist das einfach. Meine verschiedenen Blattsenf- und Gartenmelde-Sorten baue ich z. B. zeitversetzt an, sodass immer nur eine von beiden blüht. Und von Fuchsschwänzen und Sonnenblumen vermehre ich jedes Jahr nur eine Sorte.

Für eine räumliche Isolation ist mein Garten zu klein. Und zu naturnah ebenfalls, es fliegen einfach zu viele Bestäuber herum. Als Richtwerte für den Hausgarten gelten Abstände von mindestens 100 m bei von Insekten bestäubten Arten, 300 m bei den Windbestäubern, im kommerziellen Samenanbau sogar 2500 m. Dichte Hecken und Gebäude zwischen den verschiedenen Samenträgern können hilfreich sein, Grundstücksgrenzen natürlich nicht. Es kann sich also durchaus lohnen, mal einen Blick auf die Gemüsebeete der Nachbar*innen zu werfen!

Wenn die Hummeln zwischen den Zucchini aus dem Garten nebenan und deinen Ufo-Kürbissen herumfliegen, hast du immerhin noch die Möglichkeit, deine Blüten, bevor sie sich das erste Mal öffnen, zu verschließen und später per Hand zu befruchten. Eine weitere Methode der **mechanischen Isolation** ist es, die Blüten mit Vliesbeuteln zu umhüllen. Das funktioniert natürlich nur bei Selbstbestäubern. Mehr dazu auf S. 85.

Schmeckt die Zucchini also bitter, dann wirf sie und das Saatgut weg.

Meistens liegt der beste Zeitpunkt für die Samenernte im Spätsommer oder im Herbst. Die Samen kommen dabei auf drei Arten daher: entweder hübsch eingemummelt in Früchten (also z. B. in prallen, reifen Tomaten, Gurken, Auberginen oder Andenbeeren) oder sie haften in kleinen Nüsschen an der Außenseite der Früchte (Erdbeere), oder sie sitzen in trockenen Samenständen (Hülsenfrüchtler wie Erbsen und Bohnen).

SAMENFORMEN, SAMENHÜLLEN UND IHRE VERBREITUNG

Die Form der Samen und die Hüllen, in denen sie sitzen, haben damit zu tun, wie sie sich verbreiten lassen, denn von allein können sie sich ja nicht bewegen. Manche, wie Löwenzahn-, Distel- oder Habichtskrautsamen, sind mit Flugschirmchen ausgestattet, mittels derer sie der Wind über weite Strecken trägt. Wo sie landen, halten sie sich durch winzige dornenartige Auswüchse fest. Die federleichten Skabiosensamen lösen sich z. B. bei trockenem Wetter nach und nach von oben nach unten aus den Samenständen und lassen sich vom Winde verwehen.

Kletten-, Odermennig-, Waldmeister-, Vergissmeinnicht- oder Karottensamen besitzen kleine Widerhaken, die am Fell von Tieren und an Kleidung haften bleiben und so in die Welt hinaus gelangen.

Andere Arten nutzen Schleudermechanismen. Der Storchschnabel z. B. katapultiert seine Samen meterweit fort, die Hülsen von Lupinen und Platterbsen reißen auf und verwinden sich spiralförmig, wodurch die Samen herausgeschleudert werden. Die langen, schmalen Schoten der Schaumkräuter reißen in zwei Teile, rollen sich wie eine Sprungfeder auf und schnipsen die Samen in alle Himmelsrichtungen.

Die Samen der Mariendistel, ...

... vom Wiesen-Pippau und ...

... der Tauben-Skabiose sind allesamt Flugkünstlerinnen.

Sitzen die Samen in Kapseln, wie etwa bei Mohn oder Glockenblume, werden sie durch kleine Öffnungen in den Kapseln entlassen, sobald sie herangereift sind. Schöllkraut- und Veilchensamen sind mit nährstoffreichen Anhängseln versehen, die Ameisen zum Verzehr in ihren Bau schleppen. Nüsse werden durch Eichhörnchen und Mäuse verschleppt. Beerensamen schließlich fliegen weite Strecken im Verdauungstrakt von Vögeln mit, um dann in weiter Ferne ausgeschieden zu werden und dort – mit ein wenig Glück – zu keimen.

Der Große Odermenning wird mit seinen Widerhaken ganz schnell zum Weltenbummler (na ja, fast).

Hier siehst du z. B. den Samenstand vom Wiesen-Storchschnabel und ...

... dem Wiesen-Schaumkraut.

So sieht der Samenstand bei Klatsch-Mohn aus, ...

... so bei der Glockenblume.

DAS PERFEKTE TIMING

All diese Verbreitungsmechanismen funktionieren erst dann, wenn die Samen in ihren Hüllen ausgereift sind: Die Distel entlässt die Samen mit ihren Flugschirmchen, die Klette löst sich von der Pflanze, die reife Beere wird gefressen ...

Und genau dieser Zeitpunkt ist auch ideal für die Samenernte! Wenn die Früchte reif sind, wenn du das erste Schirmchen davonfliegen siehst, wenn bei sanfter Berührung die ersten Witwenblumensamen aus dem vertrockneten Blütenteller fallen, wenn durch sanftes Schütteln die Mohnsamen in den trockenen Kapseln zu rascheln beginnen, also wenn die ersten Samen beginnen, sich über den ganzen Garten zu verteilen – dann ist die Zeit gekommen, sie einzufangen. Für uns Samengärtner*innen heißt das konkret: Um den rechten Erntezeitpunkt abzupassen, bedarf es vor allem aufmerksamer Beobachtung, **denn einen pauschalen Samenerntezeitpunkt gibt es nicht.**

• Klar, es ist nicht schwer zu erkennen, dass eine Tomate reif ist, wenn sie schön rot ist. Aber wie verhält es sich bei den cremeweißen, blauvioletten oder gar grünen Tomatensorten? Diese Frage lässt sich leicht beantworten: Die Reife musst du erfühlen! Eine Tomate ist reif, wenn sie sich prall und schon ein klein wenig weich anfühlt. Außerdem muss sie sich leicht vom Strauch lösen lassen. Für die Samenernte darf sie auch schon etwas „darüber", also über ihren perfekten Reifezeitpunkt hinaus sein oder sogar „darunter", denn sie reift auch nach der Ernte noch nach und mit ihr die Samen.

• Anders ist das bei der Erdbeere: Ihre Nussfrüchtchen, die Samen, sitzen nicht in der Frucht, sondern außen. Um reife Samen zu nehmen, müssen die Früchte an der Pflanze selbst ausreifen. Du solltest sie also erst ernten, wenn sie schon knallrot sind.

• Trockene Blütenstände, Kapseln, Schoten, Stängel usw. verändern ihre Farbe während des Reifeprozesses auch, in den meisten Fällen von Grün zu Gelb oder Braun.

• Bei Pflanzen, von denen die reifen Samen als Gewürz verwendet werden, etwa Fenchel, Kümmel oder Koriander, entspricht der Zeitpunkt, die Samen zu nehmen, dem der üblichen Ernte. Sie sind reif, wenn sie sich von Grün nach Braun verfärben und die ersten Samen auszufallen beginnen.

• Verfärben sich die Samenstände des Salbeis gelblich, lohnt sich ein Blick auf die darin enthaltenen ziemlich großen runden Samen: Sind etwa drei Viertel davon nicht mehr grün, sondern schwarz, kannst du mit der Ernte beginnen.

• Bei sehr feinem Saatgut wie dem des Blutweiderichs oder des Tausendgüldenkrauts, das du mit dem bloßen Auge fast nicht erkennen kannst, halte einfach ein Schüsselchen unter die Samenstände und schüttle sie aus. Alles, was Beine hat, wird jetzt davonflitzen; bleibt ein kleines Häufchen feinster Körnchen übrig, sind das die reifen Samen.

• Und dass die Ähren und Rispen von Gräsern samenreif sind, erkennst du daran, dass sich die Stängel deutlich unter der Last der Samenstände neigen und sich zudem gelblich (oder strohfarben) verfärben.

Du wirst sehen, du entwickelst schnell ein Gespür dafür, was du wann ernten kannst!

Die silbrig durchscheinenden Samentaler der Mondviole fallen dir beim Umherstreifen durch den Garten genauso ins Auge wie die ersten davonfliegenden Distelsamen. Die Samen von Frühblühern wie Schlüsselblume und Akelei sind eher reif als die der Sommerblumen, klar. Wenn du im Juni an den leuchtend gelben Blüten der Färber-Kamille vorbeikommst, wirst du ihren Anblick ganz entspannt ein paar Wochen genießen, bis zur Samenernte darf es ruhig Ende Juli werden. Und solange die Hummeln sich auf Herzgespann, Karde und Lavendel stürzen, stehen diese in Blüte und es wird bis zur Samenernte noch einige Zeit vergehen. Entscheidend ist, dass du aufmerksam bist, schaust und tastest, schüttelst und prüfst.

Samenstand und Samen von Salbei

Beim Ruchgras ist eine deutliche Verfärbung zu erkennen.

Der Samenstand der Mondviole

Samenstand und Samen der Kratzdistel

REGELMÄSSIGE INSPEKTION DEINES GARTENS

Aufmerksame Beobachtung – heißt das denn, du musst jeden Tag dreimal hoch konzentriert durch deinen Garten schlendern?

Na ja, ich selbst mache das schon. Es sind ohnehin immer ein paar Handgriffe zu tun – Gurken und Kürbisse brauchen alle zwei Tage Wasser. Gleich mal zwei Gurken für das Abendessen ernten. Die Salatpflanzen, die als Samenträger schon eine stattliche Höhe von 2 m erreicht haben, brauchen eine stabilere Stütze. Und um Fäulnis zu vermeiden, entferne ich schnell mal noch deren Blätter in Bodennähe. Die werfe ich nicht auf den Kompost, sondern lege sie als Schneckenfutter neben die Kopfsalate. Angewelktes fressen Schnecken nämlich lieber, weil es ihnen besser bekommt – und schwups, sind sie abgelenkt vom frischen Salat. Die Tomaten haben schon wieder lange Seitentriebe ausgebildet, die ausgebrochen werden müssen. Und Brennnesseljauche brauchen sie auch mal wieder …

Gerade Wildpflanzen blühen häufig über Monate hinweg, entsprechend reifen auch ihre Samen nicht alle gleichzeitig. Wenn du richtig viele Kornblumen- und Witwenblumensamen sammeln willst, wäre es daher gut, ihnen täglich einen Besuch abzustatten und zu ernten, was gerade wieder kurz davor ist, sich zu verstreuen. Aber kommst du nur alle paar Tage dazu, ist das auch nicht schlimm! Dann wird die Ernte etwas weniger üppig ausfallen, aber normalerweise bescheren uns die Pflanzen ja viel mehr Samen, als wir brauchen. Und kaum eine Pflanze wirft auf einen Schlag alle Samen gleichzeitig ab.

Moment – bis auf die Knalltüten natürlich, die ihre Samen in die Gegend katapultieren! Auf die musst du ein besonderes Augenmerk haben: Storchschnabel, Platterbse, Lupine und Schaumkraut hatte ich schon erwähnt. Hier reicht bei Samenreife eine winzige Berührung und die Hülsen oder Schoten platzen auf, das Saatgut verteilt sich in alle Winde und ist verloren. Der Trick ist: Du musst sie ernten, **kurz bevor**

sie aufplatzen. Dann lässt du sie im Haus nachreifen, damit die Samen nicht verloren gehen. Ich nutze dazu Haushaltsschüsseln mit feinmaschigen Sieben darüber oder Papiertüten, die offen stehen bleiben, aber oben noch eine Lage Packpapier draufbekommen. Jedenfalls muss Luft an die Samen gelangen, die Ernte soll ja nicht faulen. Um den perfekten Erntezeitpunkt zu bestimmen, musst du ein paar Verluste in Kauf nehmen und immer mal wieder prüfen, was schon aufspringen will. Und dann einfach alle Kapseln, Hüllen und Hülsen, die bereits ähnlich reif ausschauen, ernten und nachreifen lassen. Mehr über Nachreife, Nachtrocknung und Lagerung erfährst du ab S. 43.

Kurz vor der Samenreife kannst du auch Rucola, Radieschen und Feldsalat ernten. Die ersten Schoten und Hülsen müssen richtig trocken und die Mehrzahl der Schoten an einer Pflanze bereits goldbraun sein. Dann ernte ich auch Knoblauchsrauke, Barbarakraut, Nachtviole und andere Pflanzen mit länglichen Hülsen. Sie können bei vollständiger Samenreife, also komplett ausgetrocknet, kaum noch geerntet werden, ohne dass die Samen in großen Mengen ausfallen.

Saatgut von Bohnen, Erbsen und Lupinen keimt besser, wenn ihre Hülsen und Schoten schon an den Pflanzen vollkommen trocken sind und damit auch die Samen bereits zur vollen Reife kommen. Brauchst du nur wenige Samen oder vermehrst du nur ein paar Exemplare davon, lohnt sich die Mühe, täglich auszupflücken, also durchaus. Normalerweise wirst du dann aber einen Großteil des Saatguts verlieren, weil Hülsen und Schoten möglicherweise innerhalb kürzester Zeit aufplatzen und dir in der Folge die Samen davonkullern. Im Gewerbsanbau werden deshalb Erbse,

Bohne und Co schon kurz vor der Vollreife geerntet und zur Nachreife aufgehängt oder ausgelegt. Gefällt dir diese Methode besser, dann schneide die Pflanzen nicht ab, sondern ziehe sie samt Wurzeln aus der Erde und hänge sie auf – so reifen sie besser nach. Kannst du aufgrund der Witterung (z. B. wenn schon sehr früh im Herbst die ersten Fröste angesagt werden) nicht bis zur Vollreife der Samen warten, ist diese Art der Ernte sowieso die einzige Option.

Grundsätzlich sollten alle Samen aber so lange wie möglich an den Mutterpflanzen verbleiben oder an der geschnittenen Pflanze nachreifen und gut nachtrocknen. Das gewährleistet eine bessere Keimfähigkeit!

Höchste Zeit, die Knoblauchsrauken-Samen zu ernten.

SAMENERNTE IN DER PRAXIS

Versuche, die Samen immer an windstillen und trockenen Tagen und zu einer Tageszeit zu ernten, zu der die Samenstände schön abgetrocknet sind. Das bedeutet also z. B. nicht am frühen Morgen, wenn sie noch von Tau benetzt sind. Du brauchst eine Gartenschere und ein paar Schüsseln, für größere Mengen durchaus auch Papiertüten und Laken. Und, ganz wichtig, Zettelchen und einen Stift zum Beschriften!

• Locker sitzende Samen mit Flugschirmchen (Löwenzahn, Salat, Kuhschelle, Habichtskraut) zupfst du mit den Fingern aus, gegebenenfalls schneidest du die gesamten Hülsen wie beim Weidenröschen ab.

Habichtskraut-Samen

• Locker sitzende große oder vereinzelte Samen (Süßdolde, Kapuzinerkresse, Tagetes, Stockrose, Waldmeister) pflückst du einfach ab.

Einmal kräftig pusten? Nein, so erntest du Löwenzahn-Samen lieber nicht.

Kurz vor dem Abflug: der reife Samenstand der Kuhschelle

Reife Samen der Süßdolde

Samenernte bei der Kapuzinerkresse

Färber-Waid-Samenstand

Waldmeister-Samen an der Pflanze

• Samen, die ebenfalls locker an langen Blütenstielen sitzen (Odermennig, Esparsette, Helmkraut, Ampfer, Färber-Waid), streifst du vorsichtig ab.

• Trockene Samenknäuel wie die des Kleinen Wiesenknopfs lassen sich direkt von der Pflanze in eine Schüssel rebeln.

Streife die Helmkraut-Samen am besten ab.

Samenernte beim Wiesenknopf

• Sitzen die Samen in bereits geöffneten Kapseln (Mohn, Lichtnelke, Fingerhut, Winterling, Nachtkerze), schüttelst du sie einfach vorsichtig in einen Behälter, die Kapseln können an der Pflanze verbleiben.

Sitzen die Samen sehr locker und rieseln bei der sanftesten Berührung der Pflanze schon aus den Samenständen, hilft eine große Tüte, die du der Pflanze überstülpst. Dann schneidest du den oder die Stängel ab, die Samen sind durch die Tüte geschützt.

Auch die hellen Samen der Weißen Lichtnelke sind reif.

Einmal gut geschüttelt, und schwups, ...

... da sind die kleinen schwarzen Samen der Roten Lichtnelke.

• Lassen sich Samen nicht ausschütten, weil sie entweder am Samenstand kleben (wie bei Akelei oder Salbei) oder die Kapselöffnung zu klein ist (Kornrade), schneidest du die Kapseln im Ganzen ab und legst sie locker in die Ernteschüssel.

Die Samen der Kornrade sitzen in den engen Kapseln fest.

• Mitunter servieren uns die Pflanzen ihre Samen regelrecht und sie liegen mehr oder weniger lose in den trockenen Blütentellern (Wiesen-Witwenblume, Gänseblümchen, Wiesen-Margerite, Wiesen-Flockenblume, Ringelblume). Dann schüttelst du sie einfach vorsichtig in ein Gefäß oder kneifst das ganze Blütenköpfchen ab.

Samenstand der Wiesen-Flockenblume

• Pflanzen mit sehr stachligen Samenständen (Disteln, Karden, Kletten, Artischocken) kannst du, wenn die Samen auszufallen oder auszufliegen beginnen, auch köpfen. Lasse die Köpfe am besten an handlichen Stängelstücken nachreifen.

Die Samen der Wiesen-Witwenblumen kannst du vorsichtig abschütteln.

Aufgepasst: Karden sind ganz schön stachlig.

• Das Köpfen ist auch eine geeignete Methode bei folgenden Pflanzen: Jungfer im Grünen, Schwarzkümmel, Sonnenhut und Sonnenblumen. Schneide bei Letzteren den Stiel mindestens 30 cm unter dem Kopf ab und hänge ihn zum Nachreifen auf, am besten kopfüber und mit einer Papiertüte darum herum, in die die reifen Kerne fallen können.

Das funktioniert auch mit den Samen der Wiesen-Margerite.

Diese Sonnenblumen wurden zum Nachreifen (und Trocknen) aufgehängt.

• Reife Dolden (Fenchel, Dill, Petersilie) streichst du durch die Hand, dann fallen die Samen aus. Stell eine größere Schüssel darunter, damit so wenig Samen wie möglich verloren gehen. Alternativ kannst du die ganzen Dolden am Stängel abschneiden und kopfüber in Papiertüten stecken.

Die grünen Samen der Petersilie sind noch nicht erntereif.

Baldrian-Samen lassen sich gut in eine Schüssel klopfen.

• Das bietet sich auch bei Pflanzen an, bei denen die Samenstände an langen Blütenstielen sitzen (Blutweiderich, Herzgespann, Königskerze, Fingerhut, Nachtkerze, Beifuß, Brennnessel). Hier kannst du die ganzen Blütenstiele schneiden und kopfüber in große Tüten platzieren. Oder du belässt die Samenstände an den Pflanzen, biegst sie vorsichtig zur Seite und klopfst sie sanft über einer großen Schüssel aus.

Verwende für das Ausklopfen von Fingerhut-Samen am besten eine besonders große Schüssel.

• Wenn du ganze trockene Pflanzen schneidest, von denen auch nichts in der Erde verbleiben muss, weil sie nach der Samenreife sowieso absterben (Vergissmeinnicht, Nadelkerbel), leg ein Tuch oder Laken unter, das kannst du dann lose zusammenschnüren und die Ernte damit abtransportieren.

Das ganze Kraut vom Vergissmeinnicht breitest du zum Trocknen am besten auf einem Tuch aus.

Ein kleiner Tipp:

Die ersten Blüten sind übrigens meist die kräftigsten und produzieren die keimfähigsten Samen – behalte gerade diese besonders im Blick und nimm davon Saatgut!

Bei Samen aus Früchten heißt es: Reifegrad prüfen, schnippeln, herauskratzen, einweichen, trocknen. All das bekommst du hier Schritt für Schritt anhand eines Beispiels erklärt.

Bei Samen aus trockenen Samenständen lautet die Devise: rebeln, auslösen oder einfach rausrieseln lassen. Auch hier gibt's ein exemplarisches How-to und die wichtigsten Kniffe, damit dir die Samen nicht buchstäblich durch die Finger rieseln.

Zunächst ein paar Worte zur **Nachreife und zum Nachtrocknen.** Du hast jetzt ein paar Schüsseln und Papiertüten mit Samen (aus trockenen Samenständen) gefüllt. Haben sie sich bereits von selbst auf den Weg gemacht, sind aus den Kapseln gerieselt, aus den Dolden gefallen oder dir sogar entgegengeflogen, -gesprungen oder gerollt, sind sie reif. Dennoch ist es sinnvoll, sie noch ein wenig nachtrocknen zu lassen.

Um optimal lagerfähig (und später keimfähig) zu sein, müssen die Samen so gut wie möglich trocknen. **Die Nachreife und das Nachtrocknen muss in warmen, trockenen und belüfteten Räumen erfolgen.** Eine Scheune oder ein Trockenboden (sofern es dort nicht über 30 °C heiß wird) sind dafür ideal. Das hat nicht jeder, klar, aber natürlich geht das Trocknen auch im Haus. Ich habe eine kleine Gartenlaube, in der das Saatgut nach der Ernte zwischenlagert.

Doch bei Dauerregen wie im Sommer 2021 nützte mir diese auch recht wenig. Da mussten Arbeitszimmer und Dachboden als Trockenlager herhalten, auch das Treppenhaus wurde in ein großes Schüssellager umgewandelt.

Alles, was ich an Samen und Kräutern ernte, bleibt erst mal ein paar Stunden im Freien liegen, damit Käfer, Läuse, kleine Spinnen usw. wegflitzen können. Danach kommt die Ernte zum Antrocknen und Nachreifen in die Laube und später noch für ein paar Tage (oder bei hoher Luftfeuchtigkeit für einige Wochen) ins Haus.

Hunde und kleine Kinder wohnen nicht mehr im Haus, und die Katzen sind glücklicherweise sehr geschickt. Da können die Samen auch mal im Treppenhaus zwischenlagern.

Wie lange müssen die Samen nun insgesamt nachreifen und nachtrocknen? Auch hier kommst du mal wieder nicht umhin, gut zu beobachten und dich auf dein Gefühl zu verlassen! Die Erbsenpflanzen, die auf deiner Leine hängen, sind trocken, wenn das Laub, das du zwischen deinen Fingern zerreibst, raschelt – ähnlich wie bei Kräutern, die du vielleicht schon mal zum Trocknen aufgehängt hast. Aber auch die Hülsen müssen richtig durchgetrocknet sein und aufspringen, wenn du versuchst, sie zu öffnen. Je feiner das Saatgut, desto schneller ist es auch getrocknet, mitunter reichen dafür ein paar Tage. Die winzigen Samenkörner des Oregano kullern dann schön gleichmäßig im Schüsselchen herum. Einzelne Samen kleben nicht mehr aneinander, sondern rieseln dir durch die Finger. Große Samen wie die der Kapuzinerkresse brauchen zum Trocknen durchaus mehrere Wochen. Irgendwann werden aber auch sie die Farbe gewechselt und statt grün hell- oder dunkelbraun sein sowie deutlich an Gewicht (Wasser) verloren haben. Dann ist es geschafft!

Ganz egal, ob sie in Papiertüten stecken, auf Laken und in Schüsseln liegen oder auf Tabletts ausgelegt sind – die Samen bzw. Samenstände sollten möglichst locker lagern. Und du musst alle paar Tage nach ihnen schauen und sie erneut lockern oder wenden, damit Feuchtigkeit entweichen kann. Prüfe immer mal wieder, ob etwas fault. Wenn du doch irgendwo Schimmel entdeckst, musst du die betroffenen Samen entsorgen.

Bei mir wird (fast) jede Fläche zum Trocknen der Samen genutzt.

Vergiss nie, deine Samen zu beschriften!

In meiner Gartenlaube hängen jede Menge Papiertüten, in denen Samen trocknen.

TROCKENE SAMENSTÄNDE – TROCKENREINIGUNG

Und nun wollen die Samen gereinigt, d. h. möglichst gründlich von Samenhüllen, Stängelteilen, vertrocknetem Laub, Flugschirmchen usw. befreit werden. Hundertprozentig gelingt das fast nie, wenn du ohne Dreschflegel und ohne die großen Rüttel- und Pustemaschinen arbeitest, die größere Saatgutproduzenten nutzen. Die Reinigung dient nicht dem Zweck, dass die Samen dann in ihren Aufbewahrungsgefäßen schöner aussehen. Sondern dazu, Pflanzenmaterial, das nicht unbedingt zum Samenkorn gehört, zu entfernen, denn dieses sowie Erdreste sind potenzielle Träger von Pilzkrankheiten. Das überflüssige Material kann noch Feuchtigkeit enthalten oder wieder aufnehmen. Genau das könnte deine Schätze auch nach dem Trocknen anfällig für Fäulnis machen.

Die Trockenreinigung ist übrigens eine recht staubige Angelegenheit. Ich empfehle dir, sie im Freien vorzunehmen, wenn irgend möglich.

Achtung: Luftfeuchtigkeit!

Tatsächlich kann es schon reichen, dass du deine Saatgutgläschen bei schwül-heißem Wetter im Sommer öffnest, etwa beim Samentausch mit Freund*innen. Du schraubst sie wieder zu, aber die hohe Luftfeuchtigkeit steckt nun auch im Glas. Und wenn du die Samen das nächste Mal hervorholst, entdeckst du die Bescherung. Mir sind einmal alle Paprika- und Chilisamen verschimmelt, weil ich die Gläschen für die Vorkultur im feucht-warmen Keller geöffnet habe, in dem schon die erste Charge Keimlinge aus der Erde ragte. Seitdem fülle ich mir, was ich aussäen will, immer schon vorher (und im Arbeitszimmer!) in kleine Tütchen ab.

SAATGUTREINIGUNG VON HAND

Saatgut, von dem du nur kleine Mengen hast, reinigst du am besten von Hand. Die meisten Samen lösen sich durch das Trocknen schon von allein aus den Samenständen. Hülsen und Schoten brichst du mit den Fingern auf, Kapseln schüttest du aus oder du brichst sie auf, sollten sie noch geschlossen sein. Sitzen sie noch in ihren Hüllen, kannst du sie mit den Fingern herausschieben, sie zwischen diesen zerreiben oder die ganzen Samenstände gründlich durchwalken. Samen wie die von Mangold, Roter Bete und Spinat können recht fest in den Blattachseln stecken; brich sie in diesem Fall heraus. Gräser kannst du mit den Fingernägeln von den Rispen streifen.

Eine extrem stachlige Arbeit ist das Herauslösen von Samen aus Disteln, darunter auch Artischocken. Die Samen der Kratzdisteln kannst du meist schon im Vorbeigehen aus den Samenständen zupfen. Bei Artischocken sitzen sie allerdings tiefer und fliegen auch nicht so ohne Weiteres davon. Ihre trockenen Samenstände stechen fürchterlich, hier musst du unbedingt mit festen Handschuhen arbeiten! Pack sie damit, zerteile sie unter Zuhilfenahme eines großen Messers oder Fleischklopfers und streife die Samen samt Flugschirmchen mit einer Gabel aus der Hülle.

Flugschirmchen, Haare usw. lassen sich gut entfernen, indem man die Samen zwischen den Händen reibt, das nennt man Rebeln. Auf diese Art kannst du auch große Samenknäuel wie die der Roten Bete trennen, für die Aussaat brauchst du ja später einzelne Samen.

Wichtig ist, dass du all diese Arbeiten über einer großen Schüssel oder einem Laken ausführst, um die Samen auffangen zu können.

SAATGUT DRESCHEN

Bei größeren Saatgutmengen kannst du die Spreu von den Samen trennen, indem du die Samenstände in einen Stoffbeutel, einen Sack oder einen Kopfkissenbezug steckst und mit einem Stock darauf eindrischst. Du kannst den Sack auch auf den Gartentisch schlagen, je nachdem, wonach dir gerade zumute ist. Aber sei dabei nicht zu brutal, die Samen sollen sich aus den Hüllen lösen oder von den Dolden trennen, ohne dabei kaputtzugehen!

SAATGUT „ROLLEN"

Ich selbst bin total friedfertig und habe daher eine sanftere Methode entwickelt: Dazu lege ich die Samenstände, Grasbündel usw. auf ein großes Laken und wickle sie fest darin ein. Dann falte ich das Bündel noch mal zusammen und rolle es mit etwas Druck hin und her. Nur auf sehr festes und störrisches Material knie ich mich auch schon mal drauf und rolle es danach weiter. Bei Rettich- und Radieschensamen endet mein Pazifismus allerdings; die Samenstände sind dermaßen hart und fest, dass ich tatsächlich schon darauf herumgesprungen bin …

Welche Methode für dich die beste ist, wirst du schnell herausfinden. Probiere es einfach aus!

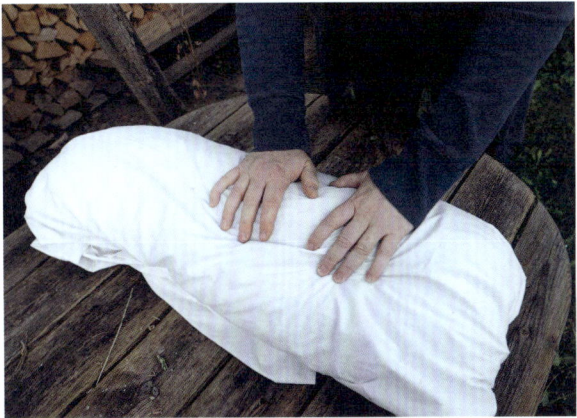

Rollen, rollen, rollen … funktioniert in den allermeisten Fällen wirklich gut, hier z. B. bei der Nachtviole.

47

SIEBEN UND PUSTEN

Sind die Samen von der Spreu getrennt, muss Letztere noch entfernt werden. Ich verwende dazu Gartensiebe mit verschiedenen Maschengrößen, es funktionieren aber auch ganz normale Küchensiebe. Ausgesiebt werden entweder die kleinen Samen (Glockenblumen, Lein, Akelei) und im Sieb bleiben Samenstände, Blätter, Stängel usw. zurück. Oder eben umgekehrt: Die großen Samen bleiben im Sieb zurück, die Spreu rieselt durch die Maschen (Mangold, Sonnenblume, Fenchel).

Man lässt das Sieb kreisen, schüttelt es oder reibt, was ausgesiebt werden soll, unter leichtem Druck mit den Händen durch die Maschen. Es ist wichtig, das Ausgesiebte aufzufangen, am besten in großen Schüsseln oder auf Tabletts, bei Kleinstmengen reicht ein Blatt Papier. Glaube mir, auch ich verschätze mich noch regelmäßig, was Samen- und Maschengröße angeht, und plötzlich rieselt dann davon, was eigentlich im Sieb bleiben soll – also: immer etwas unterlegen! Im besten Fall sogar noch zusätzlich ein Laken oder eine Zeitung, damit du das, was danebenfällt, zurückschütten kannst.

Regel Nummer 1: Immer etwas unter das Sieb legen. Im Bild siehst du die Samen der Knoblauchsrauke durch das Sieb rieseln, die Spreu verbleibt darin.

Diese Vergissmeinnicht-Samen habe ich nur grob gesiebt.

Verbleibende Spreu ist leichter als die ausgesiebten Samen. Wenn du die Schüssel kreisen lässt, sammelt sie sich oben. Du kannst sie mit den Fingern herausgreifen oder sie sanft wegpusten, während du die Schüssel schräg hältst. Dreh dich nach dem Pusten immer schnell zur Seite und zieh die Schüssel von dir weg, damit nicht alles in deinem Gesicht landet. Geht ein sanfter Wind, kannst du ihn für dich arbeiten lassen. Aber Vorsicht, so ein Windstoß kann dir schnell die ganze Ernte wegfegen! Bei sehr feinen und leichten Samen (z. B. Glockenblumen, Blutweiderich) ist es sogar besser, die feinen Spreu-Reste beim Saatgut zu belassen.

Eine weitere Methode besteht darin, Samen und Spreu vorsichtig über ein schräg gehaltenes Brett oder ein Blatt Papier gleiten zu lassen. Die Samen sind schwerer als die Spreu und rutschen zuerst hinunter, die Spreu verbleibt oben und kann entfernt werden.

So gehe ich bei der Trockenreinigung von Barbarakraut vor: Zuerst die grobe Vorarbeit: Das Barbarakraut schneiden (1), in eine Schüssel geben und durchwalken (2), die Spreu etwas zurückhalten (3) und die Samen ins Sieb rieseln lassen (4).

Nachdem du die Samen gesiebt hast (5), gibst du sie in eine Schale (6). Eventuell verbleibende Spreu kannst du einfach wegpusten (7).

Alternativ kannst du Samen und verbleibende Spreu in die Ecke eines Holztabletts schütteln und die Spreu einfach abnehmen.

SAMENGEWINNUNG BEI FRUCHTGEMÜSE – DIE NASSREINIGUNG

Die Samen von reifen Tomaten und Gurken sitzen im saftigen Fruchtfleisch, umgeben von einer Keimschutzhülle, die verhindert, dass sie schon in der Frucht zu keimen beginnen. Sie werden nass gereinigt. (Auf der nächsten Seite siehst du, wie ich dabei vorgehe.) Schneide dazu die Früchte vorsichtig auf, damit möglichst wenige Samen beschädigt werden (1). Gurkensamen kannst du mit einem Löffel herausschaben, ebenso die Samen großer Fleischtomaten (2). Sind sie sehr klein, kannst du die Tomaten auch einfach zerdrücken. Fülle den Glibber, also das gallertartige Gewebe, das die Kerne umhüllt, samt Kernen (Samen) in kleine beschriftete Gläschen (3) und fülle sie mit Wasser auf (4).

Lass die Gläschen ein paar Tage warm stehen, mit oder ohne Deckel, das ist egal. Ich schraube die Gläser zu (5), weil ich sonst unfreiwillig Obstfliegen züchte. Dann muss aber noch genug Luft im Gläschen sein, damit es nicht explodiert. Schüttle oder rühre die Brühe täglich; sie beginnt meist schon nach wenigen Tagen zu fermentieren, dann trennen sich die Samen von der Glibbermasse. Du erkennst es daran, dass sie sich am Boden sammeln und das Fruchtfleisch oben schwimmt. Und mit ihm übrigens praktischerweise gleich die tauben Samen! Manchmal bildet sich an der Oberfläche auch eine dünne weiße Hefeschicht. Wenn du dich traust, in die stinkende Flüssigkeit zu greifen, spürst du, dass die Samen sich weniger glitschig anfühlen.

Übrigens: Aus dem Fruchtfleisch, das bei der Samengewinnung übrig bleibt, kannst du eine herrlich frische Tomatensuppe oder Ketchup kochen!

Jetzt kannst du den Inhalt des Glases vorsichtig abschütten, am besten in eine Schale (6). Alles, was oben schwimmt, kann weg. Die Samen spülst du in einem Sieb mit fließendem Wasser ab (7), du kannst sie dabei ruhig auch noch mit kreisenden Bewegungen am Siebboden reiben, bis sie sich schön rau anfühlen. Breite sie auf Butterbrotpapier aus (8), daran bleiben sie meiner Erfahrung nach am wenigsten kleben und lass sie dort ein bis zwei Wochen lang bei Temperaturen um die 25 °C trocknen (9), bis sie sich leicht vom Papier lösen lassen. Vergiss auch hier von Anfang an nie das Beschriften!

Brauchst du nur wenige Samenkörner, kannst du die Samen samt Glibber auch direkt aus der Frucht auf einen Kaffee- oder Teefilter oder ein Stück Klopapier streichen und dort trocknen lassen. Im kommenden Frühjahr säst du dann die Samen samt Papier in Anzuchterde aus. Die Fermentation im Glas, wie oben beschrieben, erhöht zwar die Keimrate, aber diese einfache Methode funktioniert auch.

Hier siehst du Schritt für Schritt, wie ich bei der Nassreinigung von Tomatensamen vorgehe.

Die Samen von Physalis (Ananaskirsche, Erdkirsche, Andenbeere, Tomatillo) und Wald-Erdbeeren müssen **nicht** fermentiert werden! Schneide die Frucht vorsichtig auf (ohne die Samen zu verletzen) und zerdrücke Fruchtfleisch und Samen. Dann füllst du den Brei mehrmals mit Wasser auf und rührst kräftig um, bis die Samen zu Boden sinken. Gieß die Flüssigkeit vorsichtig ab, gib die Samen in ein sehr feinmaschiges Sieb und spüle sie unter fließendem Wasser ab. Will sich das Fruchtfleisch nicht von den Samen lösen, kannst du alles einen Tag lang im Wasser stehen lassen (ohne Gärung!) und dann erneut spülen. Lege sie schließlich wie bei den Tomaten auf Butterbrotpapier zum Trocknen.

Bei den Samen von Ananaskirschen ist der Vorgang ähnlich wie bei Tomaten. Gib Fruchtfleisch und Samen in eine Schale, fülle sie mit Wasser auf und gieße die Flüssigkeit ab (1). Nachdem du die Samen in einem Sieb abgespült hast, kannst du sie auf Butterbrotpapier trocknen (2 und 3).

Bei den Samen von Kürbis und Zucchini reicht es meist, sie in einem Sieb unter fließendem Wasser sauber zu spülen. Sitzt das Fruchtfleisch zu fest (bei manchen Sorten passiert das), weiche sie 24 Stunden in Wasser ein, dann löst es sich gewiss.

Spüle sie in einem Sieb ab ...

... und fertig!

Schneide den Kürbis auf.

Aus dem Fruchtfleisch kannst du jetzt die Samen herauslösen.

LASS DIR BIENEN UM DIE OHREN SAUSEN – NATURSCHUTZ IM EIGENEN GARTEN

Manche Pflanzen befruchten sich selbst, andere brauchen eine andere Pflanze dazu – oder die Hilfe von Wind, Wasser, Vögeln oder Insekten. Ohne die letztgenannten surrenden Helferlein würden unsere Teller leer bleiben. Deshalb: *a warm welcome* an alle Bienen, Hummeln, Schwebfliegen und ihre Freundinnen. Hier findest du Ideen, wie du dir die Nützlinge am besten in den Garten holst und womit du ihnen Gutes tust.

Das Wichtigste zuerst: Zum Überleben brauchen unsere Insekten **einheimische Wildpflanzen** und umgekehrt. Naturschutz im eigenen Garten beginnt daher damit, einheimische Kräuter, Blumen, Gräser und Gehölze zu säen oder zu pflanzen! Beachte bei der Auswahl der Pflanzen unbedingt auch ihre Blütemonate, damit Nektar und Pollen die ganze Saison über zur Verfügung stehen. Für die ganz zeitigen Wildbienen sind z. B. Frühblüher wie Winterling, Huflattich, Lungenkraut und Krokus perfekt, die schon ab Februar blühen. Die letzten Hummeln bedienen sich im Oktober z. B. an Herbstastern, Kleb-Salbei oder Acker-Senf.

Eigentlich selbstverständlich: **Finger weg von chemischen Dünge- und Pflanzenschutzmitteln, Beikraut- und Insektenvernichtungsmitteln!** Sie zerstören die Artenvielfalt im Pflanzen- und Tierreich und unsere gesamte Umwelt. Diese Chemikalien sind maßgeblich am Insektensterben beteiligt. (Die Zahl der Insekten ist in Deutschland seit 1990 um 75 Prozent zurückgegangen.[3]) Und bitte verwende nur torffreie Erde! Der Torfabbau zerstört die Lebensräume vieler Pflanzen und Tiere; durch die Entwässerung der Feuchtbiotope entweicht CO_2 in die Atmosphäre. So geht ein wertvoller Treibhausgasspeicher verloren. Ein fetter Komposthaufen, Kräuterjauchen und -brühen im Verbund mit achtsamen und biologischen gärtnerischen Methoden reichen, um deine Pflanzen gedeihen zu lassen.

Eine kleine Furchenbiene bedient sich an der Färber-Hundskamille.

Baumverschnitt entfernen? Never ever! Der kommt in die Totholzhecke.

Hoher Besuch im Winter: ein Fasan im Staudenbeet.

[3] https://www.bund.net/service/publikationen/detail/publication/insektenatlas-2020

Versuche, deinen Garten so naturnah wie möglich zu gestalten. Lass **wilde Ecken** entstehen, in denen du überhaupt nicht mehr eingreifst, z. B. um einen umgestürzten Obstbaum herum. Lege Totholzhecken an und lass Totholz und Laub unter Sträuchern und Bäumen liegen, denn darin tobt das Leben! Auch stehendes Totholz (30 cm tief eingegrabene Stämme), Stapel, Pyramiden oder Scheitmauern aus Holz sind für viele Insekten Lebensräume.

Lässt du vertrocknete Stauden über den Winter stehen, gibst du dadurch vielen kleinen Insektenlarven, die daran sitzen, eine Überlebenschance.

Abgeschnittenes Pflanzenmaterial kannst du behutsam in deine Totholzhecken legen, anstatt es in Plastiksäcke zu stopfen und zur Grünannahmestelle zu fahren, zu häckseln oder zu verbrennen. Die Grundidee ist ganz einfach: Nichts kommt in den Garten hinein (weder Gift noch Torf usw.) und nichts geht hinaus (was an Pflanzenmaterial anfällt, verbleibt im Garten und wird dem Kreislauf wieder zugeführt).

Ich selbst habe meinen Traum, im hinteren Bereich unseres Gartens ganz ohne Rasenmäher, Häcksler und Heckenschere auszukommen, schon fast verwirklicht. Geraten die wilden Vogelschutzhecken total auf die schiefe Bahn, kommen Astschere und Handsäge zum Einsatz. Ob der Häcksler noch funktioniert, weiß ich gar nicht. Die Wege zwischen den Beeten sollen irgendwann alle aus Natursteinplatten bestehen, dann kann endlich auch der Rasenmäher verbannt werden. Einbetoniert (versiegelt) werden unsere Weg- und Terrassenplatten übrigens nicht; die Fugen füllen wir mit Sand und Kies aus. So bleiben die natürlichen Bodenfunktionen erhalten, Wasser kann versickern, Pflanzen und Tiere können hier leben.

Terrasse und Wege sind und bleiben bei uns unversiegelt. Sieht doch so auch viel besser aus, oder?

Hast du große Rasenflächen, Gräser- oder Blumen-wiesen im Garten, dann mähe so selten wie möglich und nie alles auf einmal ab, sondern lass **Blütenin-seln** stehen. Und kürze auch nicht zu tief (nicht nied-riger als 6 cm). Das geht natürlich besser mit einer Sense.

Ganz wichtig: Insekten brauchen im Sommer ebenfalls **Wasser!** Naturteiche, selbst noch so be-scheidene, und Sumpfbeete sind toll, aber auch fla-che Tränken werden gern angenommen. Bestücke sie mit Steinen, schwimmenden Holzstückchen oder kleinen Ästen zum Reinklettern, damit die Insekten nicht darin ertrinken. Und vergiss nicht, regelmäßig frisches Wasser aufzufüllen.

Über den Sinn oder Unsinn von **Nisthilfen für Wildbienen** wurde und wird viel diskutiert. Fakt ist, dass sie nur dort von Nutzen sind, wo das Nahrungs-angebot stimmt. Eine riesige vorbildlich gebaute Nist-hilfe vor einem Schnellrestaurant auf einer Autobahn-raststätte inmitten von Monokulturfeldern ist sinnlos. Auch in „Insektenhotels", die mit Tannenzapfen, Holzhäckseln, Hohlziegeln und rissigen Baumstamm-Abschnitten befüllt sind, werden maximal ein paar Spinnen ihre Netze weben. Solche Angebote kom-men den Bedürfnissen der Insekten nicht nach.

Sinnvolle Nisthilfen für Wildbienen werden mit **hohlen Pflanzenstängeln, Pappröhrchen** (wie auf dem Foto), speziellen **Tonziegeln** oder sauber aus-gebohrten **Hartholzstücken** befüllt. Auch aufrecht stehende markhaltige Stängel (Brombeere, Hecken-Rose) werden von manchen Wildbienenarten besie-delt. Wie du Nisthilfen richtig konzipierst, kannst du in Werner Davids Buch „Fertig zum Einzug. Nisthilfen für Wildbienen" lesen. Solche Nisthilfen haben einen echten Lernwert. Du kannst die fleißigen Bienchen schön bei ihrer Arbeit beobachten (und damit nicht nur die Aufmerksamkeit von Kindern wecken). In einem naturnah gestalteten Garten mit vielfältigen Strukturen sind solche unterstützenden Maßnahmen aber eigentlich nicht nötig. Tatsächlich ziehen die Nisthilfen auch eher verbreitete Hohlraumbewohner wie Mauerbienen an.

Es mag auf den ersten Blick nicht danach aussehen, aber auch im Winter sind die Stauden ein wichtiger Lebensraum für Insektenlarven und Co.

Der weiße Bart verrät es: ein Mauerbienen-Männchen an der Nisthilfe.

Etwa 70 Prozent aller Wildbienen allerdings sind Bodenbrüterinnen, d. h., sie nisten in der Erde! Ihnen kannst du **Sandbeete** oder **künstliche Steilwände aus Lehm anbieten**. Vielleicht entdeckst du sie aber auch schon bei der Arbeit, wenn du aufmerksam durch deinen Garten gehst. Solche kleinen Aufwürfe mit Loch, wie du auf dem Foto siehst, stammen von bodenbrütenden Sandbienen in sandigem oder in festgetretenem lehmigem Boden. Überlass den Insekten dieses Fleckchen Garten, sichere es mit einem kleinen Stöckchenzelt, sodass niemand drauftritt, und freu dich über deinen Besuch!

Maulwürfe? Von wegen, hier nisten Wildbienen!

WILDBIENENRETTERINNEN

Ganz kurz zur Systematik: Im deutschsprachigen Raum gibt es rund 700 Wildbienenarten[4]. Die Kleinsten sind nur wenige Millimeter groß und werden oft für Käferchen gehalten, die größte, die Blauschwarze Holzbiene, ist mit ihren 3 cm kaum zu übersehen. Und ja – auch die Hummeln zählen zu den Wildbienen. Insgesamt 50 Prozent aller Wildbienenarten[5] sind vom Aussterben bedroht und brauchen unseren besonderen Schutz.

Die meisten Wildbienen leben solitär, Hummeln und einige wenige andere Arten als Völker in Sozialverbünden. Sie sammeln Blütennektar, um sich selbst zu ernähren, und Pollen für die Aufzucht ihrer Brut. Dabei bestäuben sie außer den Wildpflanzen auch unser Obst und Gemüse.

Etwa ein Drittel der Wildbienenarten sammelt Pollen nur an einer Pflanzenart (oder Pflanzenfamilie), auf die sie spezialisiert sind. Finden sie diese Pflanzen nicht, können sie an diesem Ort nicht überleben.

Diese Zahlen stecken hinter dem **Bienensterben**. Der Begriff hat übrigens nichts mit der Honigbiene zu tun, was oft durcheinandergebracht wird. **Honigbienen sind keine Wildbienen**, sondern Nutztiere, die Honig produzieren und als Bestäuber von immensem wirtschaftlichem Nutzen sind. Auch sie werden von Ackergiften krank gemacht und ganze Völker werden von Milben vernichtet. Aber Honigbienen sind nicht gefährdet und zudem nicht auf bestimmte Pflanzen spezialisiert. Insofern bedeutet Imkern auch nicht per se, die Natur zu schützen. Vor allem nicht dort, wo es wenig Nahrungsangebot gibt und sie sogar in Konkurrenz zu den Wildbienen stehen.

Wildbienen kannst du helfen, indem du dir Pflanzen in deinen Garten holst, die ihnen reichlich Nektar und vor allem Pollen für ihre Brut liefern. Das sind blühende Gehölze wie Weiden, Traubenkirsche, Kornelkirsche, Felsenbirnen, Weißdorn, Schlehe und Wildrosen. Und jede Menge Arten, die sich wunderbar über Samen vermehren lassen. In der folgenden Tabelle findest du eine Auswahl an hervorragenden Bienenweidepflanzen für spezialisierte Wildbienen mit Aussaatzeiten.

Eine Acker-Hummel im Gestreiften Leinkraut

Eine Furchenbiene in der Eselsdistel

Eine Blauschwarze Holzbiene im Muskatellersalbei

[4] Westrich, Paul: Wildbienen. Die anderen Bienen. Verlag Dr. F. Pfeil, München 2015.
[5] Eder, Anja: Wildbienenhelfer: Wildbienen & Blühpflanzen. TiPP 4, Rheinbach 2018.

DEUTSCHER NAME	BOTANISCHER NAME	LEBENSDAUER	AUSSAAT
Acker-Ringelblume	Calendula arvensis	1	4 bis 7
Alant, Echter	Inula helenium	m	4 bis 6
Barbarakraut, Gewöhnliches	Barbarea vulgaris	2	3 bis 4; 8 bis 9; Kü, L
Beinwell, Echter	Symphytum officinale	m	3 bis 4; Kü
Betonie, Echte	Stachys officinalis	m	9 bis 10; K
Blutweiderich	Lythrum salicaria	m	3 bis 6; L
Eibisch, Echter	Althaea officinalis	m	3 bis 6
Esparsette	Onobrychis viciifolia	m	3 bis 6
Färber-Hundskamille	Anthemis tinctoria	m	3 bis 6; L
Färber-Resede	Reseda luteola	2	3 bis 4; Kü, L
Flachblatt-Mannstreu	Eryngium planum	m	3 bis 6
Flockenblume, Schwarze	Centaurea nigra	m	5 bis 6
Gänseblümchen	Bellis perennis	m	3 bis 6; L
Gamander-Ehrenpreis	Veronica chamaedrys	m	3 bis 9; L
Glockenblume, Pfirsichblättrige	Campanula persicifolia	m	4 bis 6; L
Goldlack, Wilder	Erysimum cheiri	m	4 bis 7; L
Habichtskraut, Orangerotes	Hieracium aurantiacum	m	3 bis 7; L
Hahnenfuß, Scharfer	Ranunculus acris	m	2 bis 4; 9; Kü, L
Hauhechel, Dornige	Ononis spinosa	m	2 bis 3; 9; Kü
Hopfen-Klee	Medicago lupulina	1 bis m	5 bis 6; 10 bis 11
Huflattich, Gemeiner	Tussilago farfara	m	4 bis 5
Jakobsleiter	Polemonium caeruleum	m	3 bis 6; L

Vorletzte Spalte: Lebensdauer, m = mehrjährig, Ziffern = Jahre | Letzte Spalte: Ziffern = Aussaatmonate, L = Lichtkeimer, K = Kaltkeimer, Kü = Kühlkeimer
Wo nicht anders bezeichnet, handelt es sich um Normalkeimer, die du am besten im Frühjahr aussäst und mit Erde bedeckst.

DEUTSCHER NAME	BOTANISCHER NAME	LEBENSDAUER	AUSSAAT
Kamille, Echte	*Matricaria recutita*	1	3 bis 5; L
Karde, Wilde	*Dipsacus fullonum*	2	4 bis 6; 9
Knoblauchsrauke	*Alliaria petiolata*	2	8 bis 9
Kornblume	*Centaurea cyanus*	1	3 bis 5
Kuhschelle, Gemeine	*Pulsatilla vulgaris*	m	9 bis 10; K
Löwenzahn, Gemeiner	*Taraxacum officinale*	m	5 bis 9
Luzerne	*Medicago sativa*	m	4 bis 8
Malve, Wilde	*Malva sylvestris*	2 bis m	3 bis 4; 9; Kü
Mondviole	*Lunaria annua*	2	4 bis 6
Moschusmalve	*Malva moschata*	m	4 bis 6
Möhre, Wilde	*Daucus carota*	2	3 bis 9
Muskatellersalbei	*Salvia sclarea*	2	4 bis 6
Nachtviole	*Hesperis matronalis*	2 bis m	4 bis 7
Natternkopf, Gewöhnlicher	*Echium vulgare*	2	3 bis 6
Ochsenzunge, Gewöhnliche	*Anchusa officinalis*	2	4 bis 6
Oregano, Wilder	*Origanum vulgare*	m	3 bis 6; L
Rainfarn	*Tanacetum vulgare*	m	3 bis 6
Resede, Gelbe	*Reseda lutea*	2 bis m	3 bis 4; Kü, L
Rot-Klee	*Trifolium pratense*	2 bis m	3 bis 5
Schlüsselblume, Echte	*Primula veris*	m	9 bis 10; K, L
Skabiose, Gelbe	*Scabiosa ochroleuca*	m	3 bis 4; Kü
Skabiosen-Flockenblume	*Centaurea scabiosa*	m	4 bis 6

Vorletzte Spalte: Lebensdauer, m = mehrjährig, Ziffern = Jahre | Letzte Spalte: Ziffern = Aussaatmonate, L = Lichtkeimer, K = Kaltkeimer, Kü = Kühlkeimer
Wo nicht anders bezeichnet, handelt es sich um Normalkeimer, die du am besten im Frühjahr aussäst und mit Erde bedeckst.

DEUTSCHER NAME	BOTANISCHER NAME	LEBENSDAUER	AUSSAAT
Steinklee, Echter	*Melilotus officinalis*	2	3 bis 6
Steinklee, Weißer	*Melilotus albus*	2	3 bis 6
Tauben-Skabiose	*Scabiosa columbaria*	m	4 bis 7
Teufelsabbiss	*Succisa pratensis*	m	8 bis 9; K
Wald-Vergissmeinnicht	*Myosotis sylvatica*	2	3 bis 7
Wald-Weidenröschen	*Epilobium angustifolium*	m	4 bis 6; m
Wasserdost, Gemeiner	*Eupatorium cannabinum*	m	4 bis 6; L
Wegwarte, Gemeine	*Cichorium intybus*	2	3 bis 6
Weidenröschen, Zottiges	*Epilobium hirsutum*	m	3 bis 7; L
Weiß-Klee	*Trifolium repens*	m	4 bis 7
Wiesen-Flockenblume	*Centaurea jacea*	m	3 bis 7
Wiesen-Glockenblume	*Campanula patula*	2	3 bis 4; Kü, L
Wald-Habichtskraut	*Hieracium sylvaticum*	m	3 bis 4; 9; Kü, L
Wiesen-Kerbel	*Anthriscus sylvestris*	m	9 bis 10; K
Wiesen-Margerite	*Leucanthemum vulgare*	m	3 bis 6; L
Wiesen-Pippau	*Crepis biennis*	2	3 bis 6
Wiesen-Platterbse	*Lathyrus pratensis*	m	10 bis 4; Kü
Wiesen-Salbei	*Salvia pratensis*	m	4 bis 6
Wiesen-Schafgarbe	*Achillea millefolium*	m	3 bis 7; L
Wiesen-Schaumkraut	*Cardamine pratensis*	m	3 bis 6; L
Wiesen-Witwenblume	*Knautia arvensis*	m	3 bis 4; Kü
Ziest, Aufrechter	*Stachys recta*	m	3 bis 4; Kü, L

Vorletzte Spalte: Lebensdauer, m = mehrjährig, Ziffern = Jahre | Letzte Spalte: Ziffern = Aussaatmonate, L = Lichtkeimer, K = Kaltkeimer, Kü = Kühlkeimer
Wo nicht anders bezeichnet, handelt es sich um Normalkeimer, die du am besten im Frühjahr aussäst und mit Erde bedeckst.

STEP 4 | DIE SUPERKÖRNCHEN RICHTIG AUFBEWAHREN

●●●●

Nun hast du eine riesige Vielfalt an unterschiedlichen Samen vor dir liegen: glatt und gekerbt, schneeweiß und samtig gelb, kugelrund und mit feinen Härchen. Wie du sie am besten aufbewahrst, warum du unbedingt einen Stift zum Beschriften zücken solltest und wie lange sie an ihrem Aufbewahrungsort bis zu ihrem großen Einsatz schlummern dürfen, erfährst du hier.

Saatgut muss kühl, trocken und lichtgeschützt gelagert werden! Am besten in Schraubgläsern (da ist es auch vor Mäusen und Motten sicher), die du in den Keller stellst. Ist der Kellerraum lichtdurchflutet, dann pack die Gläser zusätzlich in verschlossene Kartons. Und wenn du keinen Keller hast, reicht ebenso die hinterste Ecke der Speisekammer oder des Schlafzimmerschranks. Die optimale Lagertemperatur von 0–10 °C wirst du vermutlich nicht einhalten können. Macht nichts, für den Hausgebrauch reicht es, wenn du große und kurzfristige Temperaturschwankungen vermeidest, denn die verringern die Keimfähigkeit.

Achte darauf, dass du deine Samen nicht bei hoher Luftfeuchtigkeit abfüllst, etwa bei weit geöffnetem Fenster nach einem Sommergewitter. Lass das Saatgut nicht in Papiertüten oder Briefumschlägen vergammeln, die in feuchten Räumlichkeiten, in Pappkartons am Fenster oder am Ofen stehen.

Umweltbewusste Saatgutanbieter*innen verkaufen ihr Saatgut nicht mehr in eingeschweißten Alubeuteln oder Plastiktüten. Wenn du Samen erwirbst, die in Papiertütchen stecken, dann nimm einfach größere Schraubgläser zur Hand und steck diese Tütchen da rein. Sicher ist sicher. So können die Samen viele Jahre lang keimfähig bleiben!

Abgesehen von der sachgemäßen Lagerung gibt es aber auch große Unterschiede, wie lange das Saatgut einzelner Nutzpflanzen keimfähig bleibt. Die nachfolgende Tabelle gibt ungefähre Richtwerte an.

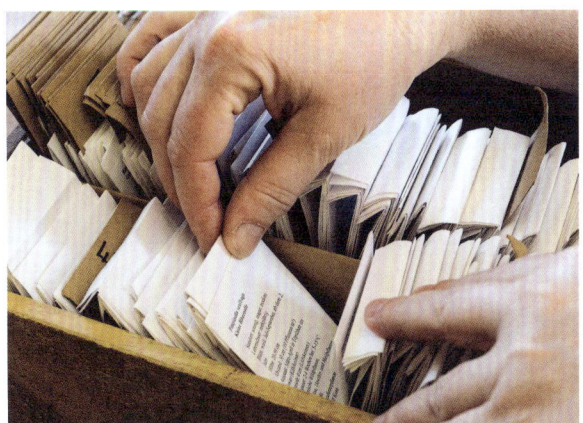

Schraubgläser und Papiertütchen kann man nie genug haben, wenn du mich fragst.

KEIMFÄHIGKEIT UNTER 1 JAHR
(nur wenige Monate keimfähig, Einfrieren bis zur nächsten Aussaat ist daher sinnvoll)

Knoblauch
Lauch
Pastinake
Schnittlauch
Zwiebel

KEIMFÄHIGKEIT 2–3 JAHRE

Dill
Fenchel
Haferwurzel
Knollenfenchel
Koriander
Kümmel
Liebstöckel
Sellerie
Wurzelpetersilie

KEIMFÄHIGKEIT 3 JAHRE

Basilikum
Erdbeerspinat
Kerbel
Oregano
Petersilie
Portulak
Sojabohne
Tomatillo

KEIMFÄHIGKEIT 3–4 JAHRE

Ackerbohne
Getreide
Karotte
Kresse
Mais
Paprika
Rucola
Schabzigerklee
Senf
Spargel
Speiselupine
Spinat, Neuseeländer Spinat
Zuckerrübe

KEIMFÄHIGKEIT 3–5 JAHRE

Bohne
Endivie
Erbse
Feldsalat
Mangold
Radieschen
Rettich
Rote Bete
Rucola
Salat
Zichorie, Chicorée, Zuckerhut

KEIMFÄHIGKEIT ÜBER 5 JAHRE

Aubergine
Gurke
Kohlgewächse
Kürbis
Melone
Tomate

Bei Wild- und Bauerngartenpflanzen gibt es ebenfalls Unterschiede in der Keimfähigkeit. Es würde den Rahmen dieses Buches sprengen, alle aufzulisten, die ich über die Jahre in meinen Versuchsreihen getestet habe. Bis zu fünf Jahren keimfähig bleiben z. B. Ringelblumen und Stockrosen; die Samen vom Klatsch-Mohn noch viel länger. Bärlauch und Huflattich hingegen müssen direkt nach der Samenreife ausgesät werden, sie sind überhaupt nicht lagerfähig. Die frischen Samen der Engelwurz kannst du einfrieren und dann bei Bedarf aussäen, das reicht bei dieser Kaltkeimerin sogar als Stratifikation (siehe S. 16). Bei den meisten Wildpflanzen kannst du aber davon ausgehen, dass sie zwischen zwei und vier Jahren keimfähig bleiben. Bei den Pflanzenporträts ab S. 79 findest du genauere Angaben.

Last but not least – vergiss nicht, deine Saatgutgläser zu beschriften! Und schreib dir auf, was von der Aussaat bis zur Samenernte geschieht.

Notiere dir Pflanzenart, Sorte und Erntejahr, entweder mit einem Stift auf dem Glas oder mit Etiketten: z. B. „Tomate ‚Schneewittchen' 2023" oder „Wiesen-Storchschnabel 2022". Es ist auch hilfreich, wenn du nebenbei ein Büchlein führst, in das du dir Notizen zu den einzelnen Jahrgängen machst. Bist du eher der Excel-Typ, auch gut! Ich selbst füttere seit Jahren meine Tabellen mit allen möglichen Informationen zu meinen Pflanzen. So kann ich jederzeit nachschauen, bei wem und wann ich das Saatgut gekauft habe. Ich sehe, wann ich aus- und gegebenenfalls nachgesät habe und wie hoch die Keimrate war. Besonders bei Wildpflanzen muss ich immer viel experimentieren, es gibt für die wenigsten davon verlässliche Aussaathinweise im Netz bzw. widersprechen die sich oft gewaltig. Dass der Wiesen-Storchschnabel ein Kaltkeimer ist, kann ich in meinen Tabellen nachlesen. Zwar keimte auch mal ein Korn, wenn ich ihn im Sommer ausgesät hatte, aber das war dann ein Ausreißer, so etwas gibt

es. Hundertprozentig keimen wird der Storchschnabel nur bei der Aussaat von September bis Oktober. Und wenn der Jahrgang 2020 im Frühjahr 2023 nicht mehr keimen will, ist klar: Das Saatgut ist überlagert und ich muss auf die jüngeren Jahrgänge zurückgreifen.

Ich schreibe mir auch auf, welche Erträge meine Tomaten in jedem Anbaujahr bringen und wie lange die Pflanzen z. B. unüberdacht im kalten und feuchten Sommer 2021 durchgehalten haben. Das kann sehr aufschlussreich sein, um letztlich diejenigen Sorten herauszufiltern, die sich als besonders robust und fäulnisresistent erweisen. Natürlich notiere ich auch Geschmack, Textur, Platzfestigkeit usw. der Früchte. So lässt sich nachvollziehen, ob eine Sorte über die Jahre stabil bleibt oder ob sie sich verändert. Die Eigenschaften meiner Lieblingstomaten kenne ich aus dem Kopf, aber bei insgesamt etwa 170 verschiedenen Tomatensorten, die ich bislang vermehrt habe, ergeben Notizen schon Sinn, um den Überblick zu behalten. Gar nicht so ungewöhnlich übrigens, diese Zahl: Da Tomatensamen jahrelang keimfähig bleiben, muss man ja nicht jede Sorte jedes Jahr anbauen. Warte mal ab, wie viele Saatgutgläschen irgendwann in deinem Keller stehen, wenn deine Sammelleidenschaft erst mal richtig entbrannt ist!

By the way – die Tabellenführung hat einen weiteren Vorteil: Wenn du auch die Aussaatzeiten der einzelnen Pflanzen einspeist, ist es ein Leichtes, mit dieser Vorlage einen Aussaatplan für die ganze Saison zu erstellen. Den arbeitest du dann einfach ab und brauchst keine Panik zu haben, etwas Wichtiges zu vergessen.

KLEB DIR DEINE SAATBÄNDER EINFACH SELBST

Manche Gemüse, wie z. B. Karotten und Radieschen, sprießen am besten, wenn sie genügend Platz haben (Stichwort: Pflanzabstand). Wenn du dich in deiner nächsten Gartensaison nicht mit Vereinzeln aufhalten möchtest, bastle doch einfach Saatbänder. Das geht ganz leicht und ist quasi eine meditative Beschäftigung für lange Winterabende.

Du brauchst:
- Klopapier
- Mehl
- Wasser
- Lineal
- die Samen

Zuerst schneidest du ein paar Streifen Klopapier zurecht und rührst einen dickflüssigen Kleber aus Mehl und ganz wenig Wasser an. Dann legst du ein Lineal neben den Streifen und tupfst den Kleber im gewünschten Pflanzenabstand darauf. Auf jeden Klecks kommt ein Samenkorn. Lass die Bänder trocknen, leg sie im Frühjahr in vorbereitete Rillen und bedecke sie mit Erde. Das Klopapier verrottet schnell. Genauso kannst du natürlich auch Saatscheiben für Blumentöpfe oder Saatteppiche für Salatbeete basteln.

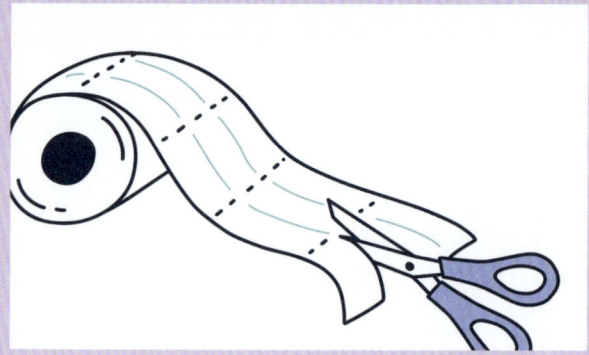

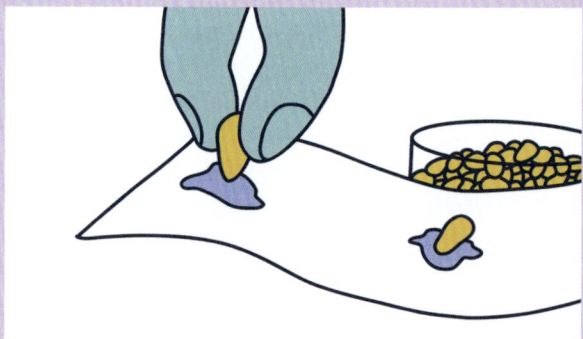

Saatbänder kannst du ohne großen Aufwand zuhause basteln.

KEIMPROBE: GEHT DA NOCH WAS?

Ups! Plötzlich entdeckst du in einem dunklen Winkel noch ein altes Saatgutpäckchen. Einfach wegwerfen? No way. Um herauszufinden, ob dein Saatgut noch frisch genug ist, machst du am besten eine Keimprobe.

Die meisten Hobbygärtner*innen weichen dafür ein paar Samenkörner in Wasser ein und verteilen sie dann auf einem feuchten Zellstofftuch (Küchenrolle oder Klopapier). Das Tuch kommt auf einen ebenfalls befeuchteten flachen Teller oder in eine flache Schale, wird mit einer Folie abgedeckt, die ein paar Luftlöcher hat, und warm gestellt. In den kommenden Tagen wird regelmäßig kontrolliert, dass das Ganze nicht austrocknet und gegebenenfalls mit einer Sprühflasche Feuchtigkeit zugeführt. Nach ein bis zwei Wochen sollten sich die Keimlinge gezeigt haben. Keimen neun von zehn Körnern, beträgt die Keimfähigkeit der Samen 90 Prozent. Großartig! Sind es nur fünf von zehn, wirst du für einen guten Ertrag die doppelte Menge Samen aussäen müssen.

Ich persönlich finde es sehr schwer, die Schalen feucht zu halten. Einmal ausgetrocknet, ist die ganze Keimprobe für die Katz. Die Temperaturen, die einzelne Arten brauchen, um zu keimen, sind sehr unterschiedlich und unter künstlichen Bedingungen auch nicht leicht einzuhalten. Mindestens 20 °C brauchen Kohl, Radieschen und Tomaten, knapp 30 °C Chilis und Auberginen.

Auch für Wildpflanzen taugt diese Methode wenig. Zum einen keimen sie sowieso nicht so gleichmäßig wie unsere Zuchtsorten. Zum anderen – du erinnerst dich – gibt es da doch auch noch so etwas wie Kaltkeimer. Um zu keimen, brauchen sie es erst warm und feucht, dann wochenlang kalt, dann wieder warm ... Ich mache fast ganzjährig Keimproben verschiedener Arten, Sorten und Jahrgänge. „Echte Keimproben" nenne ich sie gern, denn ich arbeite immer mit Erde und im Freien. Die Samen wandern zum optimalen Zeitpunkt (Frühjahr, Sommer, Herbst) und unter Beachtung der optimalen Aussaattiefe in Paletten mit Anzuchterde. Feucht halten muss ich sie auch, das stimmt, aber Erde speichert Wasser natürlich besser als eine dünne Lage Zellstoff.

Keimproben, die aufgehen, werfe ich übrigens nicht weg. Solange meine 10 Pflanztische noch Kapazitäten haben, pikiere oder verpflanze ich sie in größere Töpfe. Dort können sie weiterwachsen, bis sich ein freies Plätzchen im Garten findet. Bei den Tomaten führe ich die Keimprobe und die Vorkultur im zeitigen Frühjahr durch, im Keller, mithilfe von Wärmeplatten und Kunstlicht. Aber natürlich auch immer in Erde!

Es geht doch nichts über eine Keimprobe. Oder zwei, oder fünfzig ...

GLÜCKLICHE KLONE, GIBT'S DAS? PFLANZEN VERMEHREN ÜBER STOCK-TEILUNG, STECKLINGE, AUSLÄUFER, ABSENKER, ABLEGER UND SPROSS-KNOLLEN

Die meisten Pflanzen lassen sich über Samen vermehren. Bei manchen ist es allerdings einfacher, wenn du dir ein Messer oder einen Spaten schnappst und zur Tat schreitest: Dazu gehören mehrjährige Kräuter, Sträucher und Stauden. Pflanzen, die bei uns nicht zur Blüte kommen, kannst du überhaupt nur vegetativ vermehren, auch viele Sorten, die kein brauchbares Saatgut ausbilden.

SPATENSTICH: STOCKTEILUNG UND RHIZOMTEILUNG

Also, auf zum Spatenstich! Du kannst aber genauso gut einfach deine Hände nehmen, um den Wurzelballen deiner Pflanze zu teilen. Bei der **Stockteilung** machst du im Grunde aus einer Pflanze mehrere, indem du sie samt Wurzelballen ausgräbst und diesen anschließend teilst. Das kannst du im Frühjahr machen, kurz bevor die Pflanze auszutreiben beginnt, oder im Herbst, wenn das Laub vertrocknet ist. Die einzelnen Teile gräbst du an anderer Stelle dann gleich wieder ein und wasserst sie kräftig. Das funktioniert z. B. gut bei Rhabarber, Beinwell, Waldmeister, Brennnessel, Mutterkraut und Wasserdost, ebenso bei vielen mehrjährigen Kräutern wie Liebstöckel, Zitronenmelisse, Estragon, Beifuß, Ysop, Garten-Sauerampfer, Arznei-Baldrian, Fenchel, Eibisch, Schafgarbe, Frauenmantel, Mädesüß und Winter-Bohnenkraut.

Eine andere gärtnerische Technik ist die **Rhizomteilung.** Rhizome sind unter der Erde oder dicht über dem Boden und horizontal wachsende dicke Sprossachsen (Ausläufer), aus deren Knoten nach unten die eigentlichen Wurzeln und nach oben die Blattstängel wachsen. Pflanzen mit solchen Rhizomen sind z. B. Christrose, Himbeere, Brombeere, Sanddorn, Spargel, Ingwer, Beinwell, Oregano, Meerrettich und Minze. Bei ihnen reicht es, wenn du Teile des Rhizoms abschneidest, sie vergräbst und daraus eine neue Pflanze wachsen lasst. Klingt easy? Ist es auch! Anders als bei der Stockteilung müssen an den Rhizomen nicht mal Wurzeln sitzen. Die Schnittlinge sollten etwa 4–5 cm lang sein. Setze sie in Töpfe oder gleich ins Beet und wässere sie gut. Sobald sie austreiben, kannst du sie umsetzen.

So geht das mit Minze: ausgraben, ...

... mit einem scharfen Messer zerteilen, ...

... in Erde setzen (sieht hier ein bisschen spooky aus), und angießen!

Ein paar Wochen später ist die Minze wunderbar gewachsen.

SCHNEID DIR DOCH EIN STÜCKCHEN AB: STECKLINGE

Hier brauchst du die Mutterpflanze nicht auszugraben, sondern entnimmst ihr einige Triebe und lässt diese in Erde oder in Wasser wurzeln.

Das können **Kopfstecklinge** sein, die beblätterten Triebspitzen von Zweigen, oder **Teilstecklinge**, das sind die darunterliegenden Teile des Triebes. Die Stecklinge sollten kräftig und schön entwickelt, aber noch nicht verholzt sein und zwei bis vier Sprossknoten haben. Das sind die Verdickungen, an denen Blätter und Verzweigungen ansetzen. Du schneidest sie kurz unterhalb eines Sprossknotens ab (1), kürzt Triebspitze und Blätter ein, entfernst die unteren Blätter (da diese sonst faulen), gegebenenfalls auch Knospen und Blüten (2 und 3). Dann steckst du sie in möglichst magere Erde (4), drückst diese fest und hältst sie schön feucht (5). Das geht am besten in Töpfen, die im Halbschatten aufgestellt werden. Versuch, sie so flach wie möglich zu stecken, Wurzeln bilden sich knapp unter der Erdoberfläche. Nach ein bis drei Wochen erscheinen am Steckling neue Blätter oder Seitentriebe, mitunter wachsen auch neue Triebe aus der Erde.

Stecklinge kannst du von vielen mehrjährigen Kräutern und Wildblumen nehmen, darunter Salbei, Rosmarin, Minze, Wiesen-Schafgarbe, Wiesen-Storchschnabel, Lavendel, Katzenminze, Skabiose, Johanniskraut, Oregano, Thymian, Zitronenmelisse, Winter-Bohnenkraut, Ysop und Zitronenverbene.

Auf den Fotos siehst du Salbei-Stecklinge.

Einige Pflanzenarten kannst du auch erst in Wasser wurzeln lassen, z. B. Minze, Basilikum, Melisse, Estragon und Rosmarin. Das Wasser musst du einmal wöchentlich wechseln. Haben sich Wurzeln gebildet, kannst du die Stecklinge auspflanzen.

Steckhölzer kannst du von fast allen Sträuchern nehmen, von Obststräuchern, Wildrosen, Hartriegel, Liguster, Haselnuss, Kornelkirsche oder Holunder. Sie funktionieren wie Stecklinge, nur werden hier junge verholzte Triebe genommen, am besten die einjährigen. Sie sollten schön kräftig gewachsen und mindestens bleistiftstark sein. Hast du, wie bei der Haselnuss, die Wahl, Haupt- oder Seitentriebe zu schneiden (der Haupttrieb wächst senkrecht nach oben, die Seitentriebe wachsen waagerecht an beiden Seiten des Haupttriebs), dann wähle die Haupttriebe, sie entwickeln sich prächtiger.

Hol dir ein paar Rosmarin-Stecklinge, ...

... entferne die unteren Blätter, kürze die Triebspitze ein ...

... und gib sie ins Wasser. Das solltest du einmal pro Woche wechseln.

Nach wenigen Wochen siehst du schon ein Ergebnis.

Nicht mehr lange, dann dann können diese Minze-Stecklinge ausgepflanzt werden.

Hier wandern gerade Josta-Stecklinge in die Erde ...

... und hier ins Wasser.

Nach ein paar Wochen haben sich Wurzeln gebildet, die Stecklinge können eingepflanzt werden.

Steckhölzer werden normalerweise im Herbst nach dem Laubabfall geschnitten, sie sollten 10–30 cm lang sein und mindestens zwei Blattknoten haben. Wie bei den Stecklingen machst du den Schnitt dicht unter einem Knotenpunkt. Du kannst **Kopf- oder Teilsteckhölzer** nehmen, steckst sie einfach in die Erde und gießt sie kräftig an. Mit etwas Glück wachsen sie an und treiben im Frühjahr aus. Meiner Erfahrung nach gelingt das aber auch im Frühjahr und im Sommer. Auf den Fotos rechts siehst du meine sommerlichen Jostabeeren-Zöglinge, als Teilsteckhölzer in Töpfen mit Erde und als Kopfstecklinge zur Wurzelbildung erst mal in Wasser. Das funktioniert beides, beblättert oder unbeblättert, in Erde oder Wasser, auch bei Heckenrose, Haselnuss und Weide, von denen ich auf diese Weise schon viele neue Pflanzen gezogen habe – und ich kann sie dir als raschwüchsigen Sichtschutz und als Vogelschutzhecke wärmstens empfehlen!

Übrigens: Wurzeln, Stecklinge und Steckhölzer haben eine einprogrammierte Polarität – am oberen Ende bilden sie die Sprosse aus, am unteren die Wurzeln. Das musst du beachten, wenn du einen Steckling in die Erde setzt. Bei unbeblätterten Teilsteckhölzern ist es sinnvoll, ein Ende, etwa das Wurzelende, mit einem Schrägschnitt zu markieren.

SCHENK MIR EINEN TEIL VON DIR: AUSLÄUFER, ABLEGER, ABSENKER

Bei Ausläufern, Absenkern und Ablegern verwendest du, ähnlich wie bei Stecklingen, einen Teil der Pflanze, um daraus eine neue wachsen zu lassen. Die Wurzelbildung erfolgt aber, während sie noch von der Mutterpflanze ernährt werden.

Ausläufer sind Seitentriebe, die mehr oder weniger ober- oder unterirdisch von allein wachsen und sich selbst bewurzeln. Das ist ganz typisch für Erdbeeren, Himbeeren, Hopfen, Günsel und Minzen, aber auch für viele andere Stauden und Sträucher.

Auf den Fotos siehst du die langen **oberirdischen Kriechsprosse** der Wald-Erdbeere, an denen sich in Reih und Glied neue kleine Erdbeerpflänzchen entwickeln, welche selbst wiederum Wurzeln ausbilden. Ich habe sie zur Veranschaulichung samt Mutterpflanze ausgegraben und in eine Anzuchtpalette gesetzt, ohne die „Nabelschnüre", die sie verbinden, zu durchtrennen; so werden sie noch eine Weile von der Mutter versorgt. Du kannst die Tochterpflanzen (Garten- und Wald-Erdbeere), wenn sie schon schöne Wurzeln haben und in der Erde festsitzen, im Sommer aber auch einfach von der Mutterpflanze und ihren Geschwistern abschneiden und in Töpfe setzen.

Zur Vermehrung von unterirdischen Ausläufern (Himbeere, Sanddorn, Minze und Co) blättere noch einmal zum Abschnitt über die Rhizomteilung auf S. 71 zurück!

Hier werden aus einer Erdbeerpflanze schwuppdiwupp ganz viele ...

Auch **Ableger** entstehen auf natürlichem Weg, wenn die Seitentriebe von Pflanzen Bodenkontakt bekommen und dort wurzeln. Das geschieht meist durch das Eigengewicht der Triebe oder bei Pflanzen, die dicht am Boden in die Breite wachsen. Sie sind zunächst ebenfalls mit der Mutterpflanze verbunden. Du kannst sie, wenn sie fest im Boden verwurzelt sind, von ihr abtrennen und an ihren Bestimmungsort pflanzen. Im Unterschied zu den Ausläufern, die die Pflanze losschickt, um sich fortzupflanzen, ist es bei den Ablegern der zufällige Bodenkontakt, der Tochterpflanzen wachsen lässt. So breiten sich z. B. Thymian, Winter-Bohnenkraut und kriechende Rosmarinsorten aus, aber auch Geißblatt, Clematis, Hartriegel und Liguster. Und die Minzen natürlich, die können einfach alles! Wenn eine Weide einen Ast abwirft und dieser liegen bleibt, hast du mir nichts, dir nichts eine ganze Weidenallee im Garten!

Absenker schließlich sind Ableger, die du deine Pflanzen vorsätzlich produzieren lässt, indem du junge, biegsame Triebe aus den äußeren Bereichen der Pflanze bogenförmig zu Boden biegst (bzw. senkst) und dort fixierst, damit sie Wurzeln ausbilden und eine neue Pflanze entsteht. Das funktioniert sensationell etwa bei Himbeeren und rankenden (ausläuferlosen) Brombeeren. Die Zweigspitze muss herausragen, die Stelle, an der der Trieb Bodenkontakt bekommt, kannst du vorher mit einem Messer anritzen (dann bewurzeln sie schneller). Bedecke die Stelle mit Erde, fixieren kannst du den Trieb mit Heringen oder Steinen. Wenn es klappt, treiben die Stängelknospen an den ehemaligen Blattansätzen aus und du kannst die neue Pflanze von der Mutterpflanze abtrennen und verpflanzen.

Dieser Josta-Ableger wird kurzerhand umgesiedelt.

WENN AUS EINEM KNUBBEL GANZ VIELE WERDEN: SPROSSKNOLLEN

Das bekannteste Beispiel für die Vermehrung mittels Sprossknollen ist die **Kartoffel**. Wie du sie am besten anbaust, beschreibe ich auf S. 128 ausführlich. Du lässt sie austreiben und steckst sie dann entweder im Ganzen oder in Stücke geschnitten in die Erde. Schon nach drei bis fünf Monaten kannst du die Tochterknollen ernten. Aus den Knospen der Mutterknollen entwickeln sich Ausläufer, sogenannte Stolonen, deren Spitzen anschwellen und sich mit der Zeit zu den leckeren Knollen verdicken. Genau genommen ist die Kartoffel also kein Teil des Wurzelsystems, sondern ein verdickter unterirdischer Stängel.

Nur entfernt verwandt mit ihr ist die **Süßkartoffel**, die sich unterirdisch entwickelt. Sie wird durch Sprossstecklinge vermehrt, die von der Knolle abgetrennt und ausgepflanzt werden, wo sie bewurzeln und Knollen ausbilden.

Auch die Sprossknollen des mit der Sonnenblume verwandten **Topinambur** werden im kommerziellen Anbau genau wie Kartoffeln angebaut, obwohl die Pflanze eigentlich mehrjährig und winterhart ist. Sie bildet Ausläufer, die in kartoffelgroßen Sprossknollen enden. Diese können außer im Winter, wenn der Boden gefroren ist, nach und nach geerntet werden. Wenn du sie dir in deinen Garten holen willst, leg unbedingt auch gleich eine Rhizomsperre an. Topinambur ist invasiv, er wuchert stark und verdrängt dann gnadenlos andere Pflanzen! Das gilt übrigens ebenfalls für die **Erdmandel** mit ihren ölhaltigen, nussigen Wurzelknöllchen. Eine einzige Mutterknolle des afrikanischen Sauergrases kann an ihren langen unterirdischen Ausläufern bis zu 500 Tochterknollen ausbilden.

Ein weiteres Gewächs, das sich über Sprossknollen vermehren lässt, ist der **Knollen-Ziest** mit seinen perlenschnurartig geformten Knollen. (Dieses Gourmetgemüse kostet im Handel ein Vermögen.) Außerdem gehören dazu drei Wildpflanzen, die als **Erdkastanien** bezeichnet werden. Auch **Krokusse, Gladiolen** und **Lerchensporn** sind Knollenpflanzen. Allen gemeinsam ist, dass sich an der Mutterknolle kleinere Knollen ausbilden, die zur Vermehrung verwendet werden können. Die meisten Knollenpflanzen lassen sich übrigens ebenfalls über Samen vermehren, eine langwierige Angelegenheit, die in der Praxis kaum umgesetzt wird.

GEMÜSE UND OBST

Nach den theoretischen Basics folgen nun meine Pflanzenporträts: von Gemüse und Obst über Kräuter und essbare Blüten bis hin zu insektenfreundlichen Wildpflanzen. Im Fokus wird neben den Anbaumethoden selbstverständlich vor allem die Vermehrung der einzelnen Arten stehen. Hier erfährst du, wie und wann du Saatgut für die kommenden Jahre erntest und aufbereitest, worauf du achten musst, um Verkreuzungen zu vermeiden, und ob es besser ist, die Pflanzen zu teilen, Stecklinge zu schneiden oder die Beete nach Knöllchen zu durchsuchen. Legen wir los mit meinen Lieblingsfrüchten!

TOMATE

Tomate ist Tomate? Von wegen!

Solanum lycopersicum

In guten Tomatenjahren ähneln meine Erntetische den funkelnden Schatzkästen in alten Märchen. Ich warne dich – die Vielfalt an Tomatenfrüchten, die du im eigenen Garten ziehen kannst, im Handel aber nie zu kaufen bekommen wirst, kann süchtig machen!

Tomaten sind nicht immer rot und rund. Es gibt unendlich viele Sorten in den verschiedensten Formen und Farben – gelb, orange, rosa, pink, braun, grün, cremefarben, violett, bunt gestreift, gerippt und mit Zipfelchen, plattrund, herzförmig, oval oder flaschenförmig, glänzend, matt, es gibt sogar Tomaten mit Pfirsichhaut! Es gibt saftige Salattomaten, knackige, kleine Cocktailtomaten, süße Kirschtomaten, große Fleischtomaten und winzig kleine Johannisbeertomaten. Es gibt Stabtomaten, die in die Höhe wachsen und gestützt werden möchten, und Buschtomaten, die kaum Pflege brauchen und in die Breite wachsen. Dazu zählen auch die Wildtomaten.

Deine Tomatenpflanzen musst du im Haus vorziehen, am besten beginnst du damit Mitte März. Nach draußen dürfen sie dann nach den letzten Frösten im Mai. Sie brauchen gute Erde, viel Sonne, damit die Früchte schön ausreifen können, und einen offenen (luftigen) Platz, damit die Blätter gut abtrocknen können, wenn es geregnet hat. Bei anhaltender feuchter Witterung neigen die Pflanzen dazu, Krautfäule zu bekommen, und dann kann der Spaß schnell vorbei sein. In feuchteren Regionen ergibt es daher Sinn, ihnen einen Regenschutz zu geben, in rauen Lagen sind sie in (gut durchlüfteten) Gewächshäusern besser aufgehoben. Tomaten sind übrigens selbstverträglich, d. h., du kannst sie immer wieder an denselben Standort pflanzen.

Standort: offen, sonnig

Boden: nährstoffreich

Lebensdauer: einjährig

Höhe: sortenabhängig zwischen 50 und 250 cm

Abstand: 50 cm (4 Pflanzen/m²)

Vorkultur: ab März im Haus

Saattiefe: 1 cm

Keimdauer: 1–3 Wochen bei konstant 25 °C (selten keimen alle Samen gleichzeitig)

Pikieren: wenn die Pflanzen richtige Blätter ausgebildet haben, bis zu den ersten Keimblättern (dem ersten Blattpaar) eingebuddelt in größere Töpfe setzen; für kräftiges Wurzelwachstum nach etwa drei Wochen die Pflanzen noch einmal umtopfen und tiefer setzen (ruhig auch schräg, sollte das Pflanzloch nicht tief genug sein)

Auspflanzung ins Freiland: Mitte Mai nach den letzten Frösten

Ernte: sortenabhängig von Juli bis zu den ersten Frösten, unreife, grüne Tomaten können bei drohendem Kälteeinbruch abgenommen und im Haus nachgereift werden

Vermehrung: Samen, Stecklinge

Verkreuzungsmöglichkeiten: Sorten können sich verkreuzen

Blüte: gelb, ab Mai, im selben Jahr; zwittrig, Selbstbefruchtung, Fremdbefruchtung durch Insekten möglich

Saatguternte und Aufbereitung: reife Früchte ab Juli, Nassreinigung mit Gärung

Keimfähigkeit der Samen: 5–10 Jahre

Minimalbestand: pro Sorte 1 Pflanze (mehr sind natürlich besser für die genetische Vielfalt)

MEINE ANBAUMETHODE FÜR TOMATEN

Meine Tomaten stehen an der Südseite des Hauses. Dort heizt sich die Wand im Sommer auf und strahlt die Wärme an die Pflanzen ab, dadurch trocknen sie nach Regenschauern auch schnell. Sie stehen unüberdacht, was in Mitteldeutschland kein Problem ist, hier regnet es ja leider nicht mehr viel.

Vor dem Auspflanzen lockere ich die Erde mit einer Mistgabel und hebe ein paar Karren gut verrottete Komposterde unter. Dann senke ich die Stützstäbe (160–200 cm lange, stabile Bambusstäbe), an denen ich die Pflanzen später festbinde, ca. 20 cm in den Boden. Ich hebe 30 cm tiefe Pflanzlöcher aus, wässere sie ordentlich und gebe in jedes Loch eine Handvoll frische Brennnesselblätter als Dünger (Vorsicht, hier sind Handschuhe wichtig.) Die Tomatenpflanzen lege ich schräg in die Pflanzlöcher und fülle diese mit Erde auf, der untere Teil des Stängels wird ebenfalls eingegraben, er bildet dann zusätzliche Wurzeln aus. Es schauen also nur die oberen Teile der Pflanze aus der Erde, und nachdem ich alle noch mal schön mit Wasser versorgt habe, lege ich um jedes Pflänzchen etwa 3 cm hoch Stroh aus, um sie vor Austrocknung und Schneckenfraß zu schützen. Ich bedecke nicht das gesamte Beet mit Stroh, damit noch Freiräume bleiben, um Ringelblumen und Tagetes einzusäen. Beide schützen die Tomaten vor wurzelschädigenden Nematoden (Fadenwürmern) und gedeihen im Beet so üppig, dass ich regelmäßig einen Teil davon ausreißen und als Mulch (Material aus noch nicht verrotteten Pflanzenresten) um die Tomaten legen kann. Das Mulchen ist wichtig, damit der Boden nicht austrocknet und kein Spritzwasser die Blätter von unten benetzt. Und dann schaue ich meinem Tomatenwald beim Wachsen zu.

Mit den Wassergaben habe ich viel experimentiert. Ohne Gießen geht es natürlich nicht, aber tatsächlich schmecken Tomaten aromatischer, wenn sie nur sparsam gegossen werden. Wie sparsam, hängt vom Wetter ab, auf jeden Fall fehlt ihnen Wasser, wenn sie die Blätter hängen lassen. Und wenn sie lange dursten müssen, dann aber plötzlich große Wassermengen bekommen, neigen die Früchte dazu, zu platzen.

Also besser maßvoll und regelmäßig und immer nur im Wurzelbereich gießen!

Alle zwei Wochen bekommen meine Tomatenpflanzen Flüssigdünger in Form von verdünnter Brennnesseljauche (siehe S. 84), später im Jahr gebe ich der Jauche auch Beinwellblätter zu. Und ansonsten schaue ich alle paar Tage nach, ob sie so stark gewachsen sind, dass ich sie wieder anbinden muss, eventuell auch an weiteren Stützstäben. Die Pflanzen brauchen mehr Unterstützung, wenn die Rispen so voller schwerer Früchte hängen, dass sie abzubrechen drohen.

Die Geiztriebe der Stabtomaten schneide ich regelmäßig ab und lege sie als Mulch mit um die Pflanzen. Geiztriebe sind die Triebe, die zwischen Haupttrieb und Blatt wachsen und den Pflanzen Kraft nehmen, die sie besser in Blüten und bereits ausgebildete Früchte stecken sollen. Ansonsten dürfen sie ihr Laub behalten. Hast du schon mal die gruseligen Bilder von Tomatenpflanzen gesehen, die voller Früchte hängen, aber bis auf ein paar Blätter im oberen Bereich wie kahlgeschoren stehen, damit sie all ihre Kraft in die Früchte, nicht in die Blätter stecken? Wenn die Krautfäule zuschlägt, okay. Ansonsten ist das reiner Unfug, denn die Pflanzen brauchen ihre Blätter, damit die Früchte ausreifen können! Eigentlich musst du auch nicht mal ausgeizen. Ich mache das, weil ich viele Sorten auf relativ wenig Raum anbaue, der Tomatenwald ist dadurch übersichtlicher und lässt sich leichter pflegen und beernten. Aber wenn du jeder Pflanze 1 m² Platz geben kannst, lass sie ruhig einfach wachsen, das werden dann richtig ausladende Büsche mit vielen Trieben. Es gibt sogar Gärtner*innen, die ihre Tomaten nicht mal stützen, sondern kriechen lassen, das kannst du natürlich auch machen.

Die Geiztriebe werden regelmäßig abgeschnitten.

Nicht vergessen: Stützstäbe für später, wenn die Tomaten schwer in den Rispen hängen.

Welcome to the tomato jungle: So sieht mein Tomatenwald aus.

Wenn dir mal eine Tomatenpflanze abbricht, wirf sie nicht gleich weg! Stell den Stängel in ein Glas Wasser, er bewurzelt innerhalb weniger Tage und du kannst ihn wieder in die Erde setzen. Das Tochterpflänzchen wird weiterwachsen, blühen und Früchte tragen. Genauso kannst du auch aus ausgebrochenen Geiztrieben neue Pflanzen ziehen, das ist die klassische Stecklingsvermehrung (vgl. S. 72). Das ergibt natürlich nur früh im Jahr Sinn, die Nachkömmlinge brauchen etwas Zeit, um aufzuholen.

Brennnesseljauche bietet deinen Gemüsepflanzen Nährstoffe (vor allem Stickstoff), stärkt sie, regt ihr Wachstum an und macht sie widerstandsfähiger gegen Krankheiten. Du brauchst einen großen Eimer oder Bottich voll kleingeschnittener Brennnesseln (Stiele und Blätter), gießt diese mit Regenwasser auf und platzierst sie in weiter Entfernung von der Sitzecke. Rühre die Mischung jetzt täglich um. Wenn die Brühe beginnt, nach Jauche zu stinken, ist sie einsatzbereit. Gieß den Wurzelbereich deiner Pflanzen mit einer Mischung aus einem Teil Jauche und zehn Teilen Wasser, etwa alle zwei Wochen. Der Rest kann im Eimer bleiben, er kann ja nicht schlecht(er) werden. Weil der Geruch aber lästig ist und um zu verhindern, dass Insekten in der Brühe ertrinken, decke ich meinen Jauche-Bottich mit einem Deckel ab, ein einfaches Holzbrett tut es aber auch. Schwachzehrer wie Erbsen, Bohnen, Radieschen und Erdbeeren brauchen diesen Booster übrigens nicht.

TOMATENVERHÜTUNG – WARUM UND WIE?

Tomatenpflanzen sind Selbstbestäuber, sie brauchen keine Insekten, die den Pollen übertragen, nur etwas Wind. Deswegen müssen Gewächshaustomaten auch immer etwas geschüttelt werden. Hummeln (und andere Wildbienen) sind dennoch in den Blüten unterwegs, Fremdbestäubung kann also vorkommen. Es herrscht keine Einigkeit unter Züchter*innen und Erhalter*innen, in welchem Ausmaß sich Tomatensorten verkreuzen. Die einen sagen, das passiert so gut wie nie, die anderen sprechen von 15 Prozent. Ich selbst habe in den letzten 20 Jahren insgesamt 175 verschiedene Tomatensorten vermehrt und tendiere zu letzterer Zahl. Verkreuzungen hat es nicht nur in meinem Garten gegeben. Auch bei den Tomatensamen, die ich im Laufe der Zeit getauscht oder gekauft habe, sind immer mal wieder Kuckuckskinder dabei, also Samen, aus denen sich nicht die versprochenen Früchte (Sorten) entwickeln.

Vor ein paar Jahren habe ich auf meiner Facebook-Seite einen Artikel zu diesem Thema gepostet, der schnell viral ging. Die Reaktionen waren unterschiedlich. Michael Schick, der Vielfaltsbewahrer aus Baden-Württemberg, schrieb mir, dass nur bei Blüten mit vorstehendem Griffel die Gefahr der Fremdbestäubung bestehe, seiner Erfahrung nach treffe das nur auf 1–2 Prozent der Sorten zu. Er baue über 800 Sorten auf engem Raum an und habe kaum Kuckuckstomaten.

Also gut, ich habe die Blüten unter die Lupe genommen. Tatsächlich gibt es Sorten mit kurzen Griffeln (siehe Bild 1, rechts oben) und Sorten, bei denen die Griffel zwischen den Staubbeuteln hervorlugen (siehe Bild 2, rechts unten) an Letztere kommt die Hummel natürlich leichter heran. Herausragende Griffel habe ich vor allem an den Blüten großfruchtiger Fleischtomaten wie ‚Ochsenherz‘ und ‚Evergreen‘ gefunden, während die kleinen Wild- und Kirschtomaten allesamt eingeschlossene Griffel haben. (Und genau die kreuzen sich bei mir zu gerne.)

Kommen Hummeln mit ihren langen Rüsseln also auch an die Blüten mit eingeschlossenen Griffeln heran? Sie bringen die Blüten, wenn sie diese anflie-

Hier sind die Griffel eher kurz ...

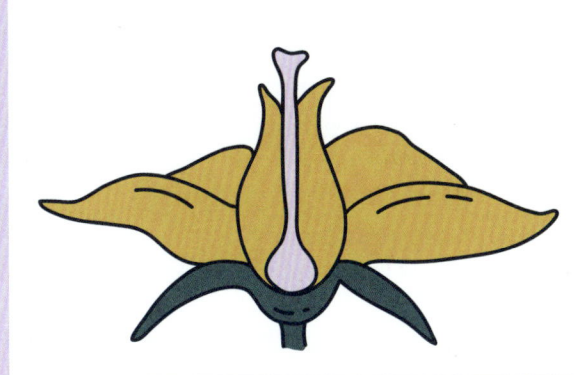

... und bei dieser Sorte deutlich länger.

gen, durch die Vibration ihrer Flügel in Schwingung, wodurch die Pollen aus den Pollensäckchen herausgeschüttelt werden. Diese Bestäubungsmethode ist effektiver als die Selbstbestäubung durch den Wind. Dass Hummeln nur dann Tomatenblüten anfliegen, wenn weit und breit nichts anderes blüht, kann ich nicht bestätigen, denn in meinem Naturgarten finden sie die ganze Saison über genügend Nahrung. Also schwirren vielleicht einfach zu viele Bestäuberinnen im Garten herum?

Warum sich mancherorts Tomatensorten verkreuzen und anderswo so gut wie nie, bleibt ungeklärt. Fakt ist, bei mir tun sie es. Und weil ich die Sorten nicht nur aus Freude an bunten Tomatentellern vermehre, sondern die Samen auch verkaufe, betreibe ich Tomatenverhütung.

Und zwar so: Die ersten Blütenrispen im Jahr binde ich mit großen Teebeuteln oder Organzabeuteln ab (man kann auch die ganze Pflanze mit Vlies umhüllen). Der Beutel wird der Rispe übergezogen, bevor sich die erste Blüte geöffnet hat, und zugeschnürt. In den nächsten Tagen und Wochen heißt es dann immer mal wieder schütteln, damit sich die Pollen lösen und es zur Bestäubung kommt. Wenn alle Blüten dieser Rispe verblüht sind und sich schon die ersten grünen Kügelchen entwickelt haben, kann der Beutel entfernt werden, und die Früchte wachsen und reifen ganz normal weiter. Die verhütete Rispe markiere ich mit einem farbigen Bändchen. Und von den prächtigsten sortentypischen Früchten, die sich an ihr entwickeln, entnehme ich dann Saatgut.

Die Verhüterei ist, wenn man viele Sorten anbaut, ein Riesenaufwand, der sich monatelang hinzieht, die Tomaten gehen ja nicht alle gleichzeitig in Blüte. Wenn du nur für deinen eigenen Bedarf Samen nimmst, ist das unnötig. Es sei denn, es handelt sich um eine ganz besondere Sorte, die du unbedingt erhalten willst. Wenn du diese Samen aber in Umlauf bringen willst, ist es nur fair, auf Nummer sicher zu gehen. Eine Alternative wäre, die Sorten in großen Abständen zueinander anzubauen, am besten in großen Gruppen. Wähle dann die Samenträger aus der Mitte des Bestandes aus, die gut (vor Hummeln) versteckt gewachsen sind. Aber, wie gesagt, ohne Gewähr!

Ich verwende für die Tomatenverhütung gerne Organzabeutel.

MEINE TOMATEN-FAVORITEN

,Auriga': Eine alte Sorte aus der DDR, mittelfrüh, mit wunderschönen leuchtend orangefarbenen Früchten in großen Trauben. Die Früchte sind mittelgroß (50–100 g), rund, saftig und süß, mild fruchtig-würzig, aromatisch und platzfest. Die Haut der Früchte lässt sich leicht abziehen. Eine zuverlässige und ertragreiche Sorte. Höhe: 160 cm.

,Buratino': Eine russische Tomatensorte, mittelspät und mit langen, nach unten hängenden Blättern. Die leuchtend orangefarbenen Früchte mit langer, teilweise gebogener Spitze (Buratinos Nase – Buratino ist eine Romanfigur von A. N. Tolstoi, das russische Pendant zu Pinocchio) wiegen 80–120 g, sie schmecken süß, sehr mild (wenig Säure), etwas cremig, sind saftig und haben wenig Kerne. Höhe: 160 cm.

,Belle Coeur H34 rot-schwarz': Mittelfrühe herzförmige Tomatensorte aus den USA mit sehr großen, nach unten hängenden Blättern. Die hübschen rot-schwarzen Früchte wiegen 50–100 g, sie sind glatt und glänzend, ausgesprochen süß, saftig und mild aromatisch. Höhe: 200 cm.

,Chocolate Cherry': Sehr aromatische und ertragreiche Sorte aus den USA mit kleinen (10–30 g) rosé-braunen Früchten, zuckersüß, mild würzig, aromatisch, saftiges, rotes Fruchtfleisch. Früh reifend, nicht ganz platzfest, aber recht pilztolerant, kann bis zum Frost beerntet werden. Höhe: 200 cm.

‚Goldene Königin': Bekannte alte deutsche Sorte aus Erfurt (erstmals im Handel 1884) mit mittelgroßen, runden, goldgelben, saftigen Früchten (50–200 g), teilweise mit Sprenkeln auf den Schultern. Durch ihren geringen Säuregehalt mild süß, aber überraschend aromatisch. Dünnschalig, platzfest, mittelstarker Wuchs, reift gut nach. Höhe: 150–200 cm.

‚Grüne Malachitschachtel': Ertragreiche Sorte aus Nowosibirsk in Russland. Eine richtig große (500–600 g) grüngelb geflammte Fleischtomate, mittelspät, flachrund, leicht gerippt. Das hellgrüne Fruchtfleisch ist saftig und schmeckt mild, dezent süß, etwa in Richtung Melone. Höhe: bis 200 cm.

‚Green Tiger': Eine neue und robuste Pflaumentomate aus Kalifornien, mittelspät und ertragreich, mit mittelgroßen (20–40 g), länglich ovalen Früchten, grün-gelb geflammt, glänzend und mit ausgeprägter Spitze, platzfest. Eine echte Schönheit und auch wirklich hervorragend schmeckend – mild und saftig, zuckersüß, würzig, wenig Säure. Höhe: bis 200 cm.

‚Indigo Kumquat': Eine meiner Lieblingssorten, eine reich tragende mittelamerikanische Tomate, ebenmäßig geformte, birnenförmige, schwarzviolett-gelb-orangefarbene Früchte (10–25 g), fest und saftig, fruchtig, mild würzig, süß – eine herrliche Naschtomate! Zudem bringt die Sorte gute Erträge; diese Tomaten gehören zu den ersten reifenden Früchten im Jahr und können bis in den Oktober hinein beerntet werden. Höhe: bis 200 cm.

‚Oaxacan Jewel': Eine historische mexikanische Fleischtomate aus dem 16. Jahrhundert, dort als ‚Joya de Oaxaca' bekannt. Die großen flachrunden Früchte (150–300 g) sind leicht gekerbt, außen und innen rot-orange-gelb geflammt, weich, saftig, zuckersüß, fein würzig, schmelzend, sehr schmackhaft. Mittelfrüh, kartoffelblättrig, zarte Pflanze. Höhe: 150 cm.

‚Olirose': Mittelamerikanische Sorte mit himbeer-roten, matten, mittelgroßen (um die 50 g), ovalen, saftigen Früchten, die süß und fruchtig schmecken. Vorzügliche Salattomate, aber auch für Suppen und Soßen geeignet. Mittelfrüh und ertragreich. Höhe: 200 cm.

‚Ochsenherz' (Cuore di bue): Historische Tomate aus Ligurien, eine der weltbesten Sorten, finde ich. Die Früchte schmecken ausgewogen, herrlich aromatisch, das saftige Fruchtfleisch zergeht zart schmelzend im Mund. Mittelfrüh und lange beerntbar, die großen Früchte wiegen bis zu 500 g. Höhe: bis 160 cm.

‚Paul Robeson': Eine ertragreiche, mittelfrühe russi-sche Fleischtomate mit großen (bis 300 g), rot-brau-nen, ovalen, saftigen Früchten. Schmeckt unglaublich süß und aromatisch. Höhe: 200 cm.

'Polnische Flaschentomate': Eine schöne mittelfrühe Sorte mit roten, flaschenförmigen Früchten von bis zu 50 g, fest und saftig, wenig Kerne. Voll ausgereift schmeckt diese Tomate herrlich süß mit milder Säure. Guter Ertrag; die langen, teilweise eingerollten und nach unten hängenden Blätter sind sortentypisch. Höhe: 150 cm.

'Rote Zora': Starkwüchsige, mittelfrühe und ertragreiche deutsche Tomatensorte, gehört zu den 10 Empfehlungen der Uni Göttingen für den ökologischen Freilandanbau. Mittelgroße, himbeerrote, längliche Früchte (bis 150 g), fleischig, weiche Schale, die sich leicht abziehen lässt, fein würzig, mild fruchtig, sehr gutes Aroma. Sehr hoch, unbegrenzter, schlanker Wuchs, kräftiger Spross, die langen, schmalen, leicht eingerollten Blätter sind sortentypisch. Höhe: bis 250 cm.

'Purple Dragon': Eine bunte Tomatensorte aus den USA – die Farben Gelb, Orange, Rot, Braun, Grün, Rosa und Blauviolett sind vertreten. Die ovalen Früchte wiegen 40–50 g, haben einen leuchtend orangeroten Ernte-Stern am Stielansatz, das Fruchtfleisch ist rot, saftig und mild fruchtig. Mittelfrüh. Höhe: 180 cm.

'Schlesische Himbeere': Eine historische Tomatensorte aus Schlesien mit großen himbeerroten Früchten (bis 300 g), mittelfrüh und sehr ertragreich. Flachrund, leicht gerippt, saftig und weich, helles Fruchtfleisch, sehr mild mit dezenter Säure, vollreif richtig süß, schmelzend, dünnhäutig. Eine tolle Fleischtomate. Höhe: 170 cm.

‚Schwarze Pflaume': Alte russische Sorte, mittelfrüh und sehr ertragreich, mit mittelgroßen, pflaumenförmigen, rot-braunen Früchten von 40–70 g. Außergewöhnlich saftig, süß, kräftig, weiche Schale, aber platzfest, wunderbar zum Frischverzehr und für Soßen und Suppen geeignet. Sehr zuverlässige Sorte. Höhe: 180 cm.

‚Tschernij Prinz': Der ‚Schwarze' Prinz ist eine alte russische Fleischtomate aus Sibirien, mittelfrüh und sehr ertragreich, mit großen, flachrunden, rot-braunen saftigen Früchten (bis zu 600 g). Wunderbar süß, mild fruchtig, würzig und aromatisch, weiche Schale. Höhe: 180 cm.

‚Schwarze Russische': Alte russische Sorte, mittelfrüh und sehr ertragreich, mit großen, rot-braunen, ovalen Früchten (bis 300 g). Köstlich süß, hoch aromatisch und saftig. Reift bis in den Oktober hinein. Höhe: 150–200 cm.

‚Yellow Submarine': Sehr wohlschmeckende mittelfrühe Kirschtomate deutscher Herkunft mit kleinen, birnenförmigen, sattgelben Früchten (um die 20 g) an großen Trauben. Ausgesprochen süß und saftig, weich, mild würzig, säurearm, wird nicht mehlig. Sehr ertragreich, kartoffelblättrig, robust (pilztolerant). Höhe: über 200 cm.

PAPRIKA, CHILI UND CO

Blüten von der Chili-Sorte ‚Fish Pepper'

Espelette-Chilis

Paprika-Samen

Capsicum annuum, Capsicum baccatum, Capsicum chinense, Capsicum frutescens, Capsicum pubescens

Auch Paprikas, Peperoni und Chilis gibt es in unglaublicher Vielfalt in den verschiedensten Farben und Formen – rot, orange, gelb, grün, braun und violett, blockförmig, spitz zulaufend, rund, spiral-, kegel-, lampion- oder glockenförmig. Es gibt die großen, saftigen Gemüse-Paprikas, Brat-Paprikas, Gewürz-Paprikas, milde und scharfe Peperoni und höllisch scharfe Chilis. Regional werden sie unterschiedlich genannt. Was wir in Deutschland und Österreich als Paprika kennen, nennen die Schweizer*innen Peperoni. Die länglichen, milden oder scharfen Früchte, die in Österreich Pfefferoni heißen, nennt man in Deutschland Peperoni oder Pfefferonen. In Italien werden beide als Peperoncini bezeichnet. Wie auch immer – es gibt fünf *Capsicum-Arten*, die kultiviert werden, und die meisten Sorten gehören zur Art *Capsicum annuum*.

Diese Halbsträucher lieben die Wärme und brauchen viele Monate, bis sie blühen und Früchte ausbilden. Deshalb ist es erforderlich, dass du sie schon im Februar im Haus vorziehst. Wenn du die erste Blüte (Königsblüte) abknipst, verzweigen sich die Pflanzen reicher und setzen mehr Blüten an. Die Früchte sind zunächst grün oder gelb und reifen später zu ihrer eigentlichen Farbe. Für die Samenernte ist es wichtig, dass du sie an den Pflanzen ausreifen lässt. Verwende auch nur die ersten Früchte, später reifende Früchte haben weniger Keimchancen. Außerdem erhöht sich die Keimfähigkeit, wenn du nur wenige Früchte an einer Pflanze wachsen lässt.

Die Blüten sind zwittrig und vorwiegend Selbstbefruchter. Aber auch Fremdbefruchtung durch Hummeln kommt häufig vor. Sorten einer Art verkreuzen sich gerne, aber auch Verkreuzungen verschiedener Arten kommen vor. Am besten vermehrst du also nur eine Sorte pro Jahr. Oder du betreibst Verhütung mit Tee- oder Organzabeuteln, wie bei den Tomaten beschrieben. Alternativ kannst du die Sorten wie Tomaten in großen Abständen zueinander anbauen (30 m),

am besten in großen Gruppen. Schüttle die Blüten immer mal wieder, damit Pollen auf die Narbe fällt, und entnimm dann Samenträger aus der Mitte des Bestandes, die gut (vor Insekten) versteckt gewachsen sind.

Standort: offen, sonnig

Boden: nährstoffreich

Lebensdauer: mehrjährig, aber nicht winterhart (daher einjährig ziehen oder im Haus überwintern!)

Höhe: sortenabhängig bis 100 cm (200 cm hohe Baumchilis gibt es auch)

Abstand: 40 cm (4 Pflanzen/m^2)

Vorkultur: ab Februar im Haus

Saattiefe: 1 cm

Keimdauer: 2–4 Wochen bei über (!) 25 °C

Pikieren: wenn die Pflanzen richtige Blätter ausgebildet haben, bis zu den ersten Keimblättern (dem ersten Blattpaar) eingebuddelt in größere Töpfe setzen

Auspflanzung ins Freiland: Mitte Mai nach den letzten Frösten, tiefer setzen, als sie vorher standen (sie können wie Tomaten am Stängel Wurzeln ausbilden), mulchen, mit Pflanzstäben stützen

Ernte: sortenabhängig von Juli bis zu den ersten Frösten, unreife Früchte können bei drohendem Kälteeinbruch abgenommen und im Haus nachgereift werden (diese aber nicht für die Samenernte nutzen!)

Vermehrung: Samen

Verkreuzungsmöglichkeiten: Sorten und Arten können sich verkreuzen

Blüte: weiß oder helllila (sortenabhängig), ab Mai, im selben Jahr; zwittrig, Selbstbefruchtung, Fremdbefruchtung durch Insekten häufig

Saatguternte und Aufbereitung: reife Früchte ab August, Früchte aufschneiden und Samen mit einem Messerchen herausschaben (bei scharfen Sorten dazu unbedingt Handschuhe benutzen!); Samen in ein Wasserglas geben und taube Samen, die oben schwimmen, vorsichtig abgießen, die anderen sinken zu Boden; trocknen lassen

Keimfähigkeit der Samen: 5 Jahre

Minimalbestand: pro Sorte 1 Pflanze (mehr sind natürlich besser für die genetische Vielfalt)

Tipp: Chili und Co kannst du zum Trocknen auf Schnüre aufziehen. Schneller geht es, wenn man dafür den Backofen benützt. Zerkleinere sie etwas, breite sie in einer Lage aus und lass sie mindestens drei Stunden lang bei 40–60 °C und leicht geöffneter Klappe im Ofen, damit die Feuchtigkeit entweichen kann (Kochlöffel dazwischenklemmen). Wenn sie zwischen deinen Fingern knistern, sind sie trocken. Dann kannst du sie im Mixer entweder grob zerkleinern oder zu Pulver mahlen. Ich stelle gern ein grobes Chilisalz aus verschiedenen Sorten in verschiedenen Schärfegraden zusammen. Für mein süßes Paprikapulver baue ich mir die ungarische Gewürz-Paprika ‚Szegediner' (Schärfegrad 0) an, das schmeckt sensationell!

Paprika oder Chili zerkleinern, in den Ofen, abwarten, mahlen – und fertig ist dein hausgemachtes Würzpulver!

RADIESCHEN UND RETTICH

Radieschen-Blüten, ...

... die Schoten und ...

... Radieschen-Samen

Hier siehst du die Radieschen-Sorte ,Riesenbutter'.

Raphanus sativus

Was geht über ein Butterbrot mit frischen, saftig-knackigen Radieschenscheiben und ein paar Krümeln Salz? Wenn du das Knöllchen eigenhändig aus der Erde gezogen hast, ist der Genuss sogar noch größer. Radieschen kannst du die ganze Saison über aussäen, sie haben eine sehr kurze Kulturdauer und können schon nach fünf bis sieben Wochen geerntet werden. Und sie brauchen nicht mal ein eigenes Beet. Du kannst sie z. B. mit ins Bohnenbeet setzen, zu Karotten, Kohl, Salat, Spinat oder Tomaten. Als Schwachzehrer nehmen sie den anderen Pflanzen kaum Nährstoffe weg. Es gibt unendlich viele verschiedene Sorten in vielen Farben und Formen. Einige Sorten eignen sich für die Aussaat im Frühling, im Sommer oder im Herbst, Sommersorten vertragen mehr Hitze.

Radieschen und Rettiche brauchen nährstoffreiche, lockere Erde und gleichbleibende Feuchtigkeit, bei Trockenheit werden sie holzig und scharf. Und du musst unbedingt auf korrekte Pflanzabstände und Aussaattiefen achten. Radieschen müssen einen Abstand von 5 cm zueinander haben, damit sich die Knollen entwickeln können, Rettiche zwischen 10 und 25 cm. Die Samenkörner dürfen nicht tiefer als 0,5 cm in die Erde gelegt werden, sonst verändern sich die sortentypischen Formen.

Für die Samenvermehrung von Radieschen brauchst du ein paar besonders schöne Exemplare einer Sorte. Du kannst es darauf ankommen lassen, wie sie unter der Erde aussehen, und einige Pflanzen einfach stehen lassen. Willst du es genau wissen, ziehst du die Knollen oder Zapfen im erntereifen Zustand wie üblich vorsichtig aus der Erde. Die Auserwählten werden samt Grün in Abständen von mindestens 25 cm zueinander wieder eingegraben (das ganze Knöllchen in der Erde versenken). Um wieder anzuwachsen, brauchen sie jetzt viel Wasser. Und dann heißt es abwarten. Die Pflanzen schießen jetzt ordentlich ins Kraut, blühen, und aus den Blüten entwickeln sich Samenschoten, die im August oder September ausreifen. Jetzt müs-

sen sie nur noch abgeschnitten, nachgetrocknet, aufgebrochen und gesiebt werden. Eine einzige Radieschenpflanze kann 1 m² einnehmen, sie entwickelt kräftige Strünke, die unbedingt stabile Stützen (z. B. Bambusstöcke) brauchen.

Rettichpflanzen werden ebenso groß. Aber bei ihnen funktioniert die Samenvermehrung etwas anders. Sommerrettiche, die als Samenträger dienen sollen, musst du Ende August aussäen, Herbst- und Winterrettiche Ende Juli/Anfang August. Sie werden im genussreifen Zustand aus der Erde gezogen, das Laub etwas eingekürzt und dann entweder in einen Topf gepflanzt und im unbeheizten Gewächshaus überwintert oder im dunklen Keller eingelagert. Im Frühjahr können sie im Abstand von 40 cm zueinander wieder ausgepflanzt werden. Milde Winter überstehen sie auch im Beet.

Wichtig: Du musst unbedingt immer mehrere Samenträger blühen lassen. Radieschen und Rettich sind selbststeril; der Pollen ein und derselben Pflanze kann die eigenen Blüten nicht befruchten. Aus Einzelpflanzen kann daher kein brauchbares Saatgut gewonnen werden.

Hast du zu dicht gesät, musst du die Pflänzchen verziehen. Du kannst diejenigen, die zu eng stehen, an eine andere Stelle setzen oder die kleinen Sprösslinge zubereiten. Das gilt auch für Radieschenblätter. Die musst du nicht wegwerfen; sie schmecken in dünne Streifen geschnitten wunderbar in Salaten. Ältere und festere Blätter geben hervorragende Einlagen in Suppen ab. Und auch die unreifen Schoten kannst du essen, entweder gleich frisch vom Strauch knabbern oder kurz in etwas Öl in der Pfanne schwenken, unglaublich gut! Es gibt sogar Sorten, bei denen es gar nicht um die Knöllchen geht, sondern um die Ernte der besonders langen Samenschoten, das sind die sogenannten Rattenschwanzradieschen.

Boden: locker, nährstoffreich, gleichbleibend feucht

Lebensdauer: einjährig (Radieschen), zweijährig (Rettich)

Höhe: 20 cm, Samenstände bis 200 m

Abstand: 5 cm bei Radieschen, 10–25 cm bei Rettichen (Angaben auf Samentütchen beachten!)

Aussaat: sortenabhängig zwischen März und August; für die Samengewinnung Radieschen im März/April aussäen, Sommerrettiche Ende August, Herbst- und Winterrettich Ende Juli/Anfang August

Saattiefe: 0,5 cm

Vermehrung: Samen

Verkreuzungsmöglichkeiten: alle Radieschen- und Rettichsorten können sich während der Blüte miteinander verkreuzen

Blüte: weiß oder helllila (sortenabhängig), ab Spätsommer, im selben Jahr (Radieschen) oder im 2. Jahr (Rettich); zwittrig, Fremdbefruchtung durch Insekten, selbststeril

Überwinterung: Sommer- und Winterrettiche im unbeheizten Gewächshaus oder im Lagerkeller, in milden Wintern auch im Beet; im Frühjahr auspflanzen

Abstand zwischen Samenträgern: mindestens 25 cm bei Radieschen, 40 cm bei Rettichen

Saatguternte: trockene Schoten im August oder September (nachtrocknen, aufbrechen, sieben)

Keimfähigkeit der Samen: 3–4 Jahre

Minimalbestand: 5 Pflanzen

STANGENBOHNE UND BUSCHBOHNE

Die Stangenbohnen ‚Neckarkönigin' (links) und ‚Blauhilde' (rechts)

Stangenbohnen-Samen

Phaseolus vulgaris var. *vulgaris*, *Phaseolus vulgaris* var. *nanus*

Gartenbohnen sind unkomplizierte Gewächse, die du aus Samen ziehen kannst. Die Stangenbohnen klettern an Stangen, Schnüren, Drähten oder Gittern bis zu 3,5 m in die Höhe, das geht auch sehr gut in großen Töpfen auf dem Balkon. Die Buschbohnen wachsen buschförmig im Beet. Beide mögen sonnige Standorte und nährstoffreiche, lockere Gartenerde.

Du hast die Wahl zwischen unendlich vielen grünen, blauen, gelben, rosafarbenen und gesprenkelten Sorten. Von manchen dieser Sorten werden die Hülsen verzehrt und bei anderen geht es um die Bohnenkerne. Die Pflanzen sind normalerweise selbstbestäubend (die Bestäubung findet meist schon innerhalb der noch ungeöffneten Blüten statt). Verkreuzungen können aber vorkommen, wenn in deinem Garten viele Wildbienen herumfliegen, vor allem große Hummeln und Holzbienen.

Die Buschbohnen kannst du laufend ernten (vorsichtig pflücken, nicht abreißen), solange weitere nachwachsen. Die Stangenbohnen ebenfalls, aber lass sie nicht zu hart und spelzig werden, sondern nimm die jungen und zarten Bohnen. Zum optimalen Erntezeitpunkt lassen sich die Bohnen glatt durchbrechen und sind innen saftig.

Für die Samengewinnung lässt du einfach ein paar schöne und frühe Bohnen an den Pflanzen hängen, bis sie rascheldürr sind, lässt sie im Haus nachtrocknen und pulst sie dann aus den trockenen Hülsen.

Die mehrjährigen Feuerbohnen (*Phaseolus coccineus*) mit ihren leuchtend roten Blüten sind übrigens eine andere Art Bohne. Sie klettert ebenfalls, ist weniger wärmebedürftig und daher auch für rauere Lagen geeignet. Frost überlebt sie allerdings nicht. Einzelne Sorten verkreuzen sich untereinander, aber auch mit Gartenbohnen.

Die Ackerbohne (*Vicia faba*) wird auch Dicke Bohne, Saubohne oder Puffbohne genannt. Von ihr werden in der Küche ausschließlich die Bohnenkerne verwendet.

Grün, grüner, bunt - Bohnen-Ernte!

Sie kann schon im Februar in die Erde und wächst aufrecht stehend; lustigerweise stehen auch die Hülsen schräg nach oben am Stängel.

Wenn dein Garten groß genug ist, bau dir doch ein Bohnenzelt aus trockenen Haselstangen oder anderem Material aus dem Garten. Dazu brauchst du mindestens 1 (besser 2) m² Platz und es funktioniert am besten, wenn du Äste mit Astgabeln verwendest, die du ineinander verhaken und dann zusammenbinden kannst. Die Stangen werden unten angespitzt und in die Erde gerammt. Wird das Tipi zum Kinderspielplatz, dann weise die Lieben darauf hin, dass Bohnen immer gekocht werden müssen!

Standort: sonnig

Boden: nährstoffreich, lockere Erde

Lebensdauer: einjährig

Höhe: Stangenbohnen bis 3 m, Buschbohnen 30–50 cm

Aussaat: nach den letzten Frösten Mitte Mai bis Mitte Juli direkt ins Beet, Stangenbohnen 6–8 Körner in eine Rille um jede Stange ablegen (Abstand der Stangen 50 cm), Buschbohnen jeweils 4–6 Körner in eine Mulde legen (Abstand der Mulden 40 x 40 cm); Vorkultur in Töpfen ist ebenfalls möglich und auf jeden Fall schneckensicherer

Ernte: nach 6–8 Wochen (Buschbohne), nach 8–12 Wochen (Stangenbohne)

Fruchtfolge: am selben Ort eine Anbaupause (4 Jahre) einlegen

Saattiefe: 2 cm

Keimdauer: 1–2 Wochen bei mindestens 10 °C

Vermehrung: Samen

Verkreuzungsgefahr: gering (durch Wildbienen), Feuerbohnen (*Phaseolus coccineus*) können sich einkreuzen – Verkreuzungen sind bereits an den trockenen Bohnenkernen erkennbar, untypische solltest du gleich aussortieren

Blüte: weiß, lila, rot (sortenabhängig), meist ab Juni (abhängig vom Aussaat-Zeitpunkt), im selben Jahr; zwittrig, Selbstbefruchtung, Fremdbefruchtung durch Insekten ist selten, aber möglich

Saatguternte: trockene Hülsen ab August / September (nachtrocknen, aufbrechen, sieben)

Keimfähigkeit der Samen: 4 Jahre

Minimalbestand: 5 Pflanzen

Hinweis: Roh naschen darf man Erbsen und Zuckerschoten, Gurken, Tomaten usw. Bohnen hingegen (Hülsen und Kerne) sind in rohem Zustand giftig!

ERBSE

Die Kapuzinererbse ‚Blauschwokker', eine leckere Palerbse

Zuckererbsen zum Snacken

Die Blüten einer Wilden Erbse

Getrocknete Hülsen und Samen der Zuckererbse (Zuckerschote)

Pisum sativum

Erbsen werden seit Jahrtausenden kultiviert. Man unterscheidet Markerbsen (*Pisum sativum* convar. *medullare*), Palerbsen (*Pisum sativum* convar. *sativum*) und Zuckererbsen (*Pisum sativum* convar. *axiphium*). Markerbsen sind die kleinen grünen Dinger, die es als Konserve oder tiefgekühlt zu kaufen gibt. Sie werden in grünem Zustand geerntet und ausgepult. Palerbsen (auch Schalerbsen genannt) sind die stärkereichen gelben oder grünen Erbsen, die du getrocknet kaufen kannst, um die klassische Erbsensuppe zu kochen. Man lässt sie an der Pflanze ausreifen, also in den Hülsen trocknen. Zuckererbsen (auch Zuckerschoten genannt) sind die schmalen Schoten, die in unreifem Zustand (grün) mit Hülse geerntet und gegessen werden, wenn die in ihr enthaltenen Erbsen noch sehr klein sind.

Wilde Erbsen (*Pisum sativum* ssp. *elatius*) gibt es übrigens auch. Vor Jahren habe ich einmal welche aus dem Mittelmeerraum angebaut. Die Schoten und auch die Erbsen sind kleiner als die der Kultursorten und schmecken nicht süß, dafür aber richtig aromatisch. Man erntet die Schoten, wenn die Erbsen ausgewachsen, aber noch weich sind, und pult sie dann aus.

Erbsen werden im zeitigen Frühjahr direkt ins Beet gesät (winterharte Sorten erst im Spätherbst). Sie wollen sonnig stehen und mögen nährstoffreichen, durchlässigen Boden. Außerdem brauchen sie unbedingt Rankhilfen, an denen sie emporklettern können. Dazu genügt es, ein paar trockene und verzweigte Äste in den Boden zu stecken. Für sehr hoch wachsende Sorten ist auch ein Erbsenzelt geeignet (siehe das Bohnenzelt auf S. 97).

Erbsen sind relativ strenge Selbstbefruchter, aber Fremdbefruchtung durch Wildbienen kann leider auch hier nicht ausgeschlossen werden. Nur zu gern bedienen diese sich an den hübschen Blüten. Wenn du sortenreines Saatgut produzieren möchtest, solltest du darauf achten, dass zwischen den einzelnen Sorten ein Abstand von 15 m besteht.

Für die Samenernte lässt man die Hülsen an den Pflanzen ausreifen, bis sie staubtrocken sind. Leg sie flach aus und lass sie noch ein paar Tage nachtrocknen, bevor du sie händisch auspulst oder drischst, um sie schließlich zu sieben. Schau dir die Samen sehr genau an: Erbsen, die kleine runde Löcher aufweisen, sind von dem weitverbreiteten Erbsenkäfer befallen. Sortiere diese Samen aus, um zu verhindern, dass er sich im Saatgutglas weitervermehrt und deine ganze Ernte vernichtet.

Erbsen sind gesund und schmecken gut. Weil man sie auch roh essen kann, sollten sie in keinem Naschgarten fehlen. Die süßen Zuckerschoten kannst du im Ganzen snacken, die anderen Erbsen pulst du aus. Und noch ein Rohkosttipp: Stehen die Pflanzen zu dicht, musst du sie nicht ausrupfen, sondern du kannst die jungen Sprossen (etwa eine Handbreit hoch) schneiden und frisch verzehren. Sie schmecken hervorragend und wachsen auch noch ein paarmal nach.

Standort: sonnig

Boden: nährstoffreich, lockere Erde

Lebensdauer: einjährig (winterharte Sorten zweijährig)

Höhe: je nach Sorte 20–200 cm

Abstand: mindestens 5 cm, Reihenabstand 30–40 cm

Aussaat: März (Palerbse), April (Markerbse, Zuckererbse)

Saattiefe: 3 cm

Keimdauer: 1–2 Wochen bei 10–15 °C

Ernte: ab Mitte Juni

Fruchtfolge: am selben Ort eine Anbaupause (4 Jahre) einlegen

Vermehrung: Samen

Verkreuzungsgefahr: alle Erbsen können sich theoretisch miteinander verkreuzen

Blüte: weiß, lila, rosa, purpurn (sortenabhängig), meist ab Mai (abhängig vom Aussaat-Zeitpunkt), im selben Jahr; zwittrig, relativ strenge Selbstbefruchtung, Fremdbefruchtung durch Insekten ist möglich

Saatguternte: trockene Hülsen ab Juli, in dünner Lage nachtrocknen, auspulen oder dreschen, sieben

Keimfähigkeit der Samen: 4–5 Jahre

Minimalbestand: 5 Pflanzen

KÜRBIS UND ZUCCHINI

Diese Kürbispflanzen wachsen auf einem Hügelbeet.

Samenernte beim Moschuskürbis (das Fruchtfleisch wandert in den Topf)

Das brauchen Kürbisse und Zucchini unbedingt: Sonne, nährstoffreichen Boden, Wasser und ausreichend Platz. Eine einzige Pflanze kann locker 4 m² einnehmen, eine einzige Frucht bis zu 50 kg auf die Waage bringen. Kürbis oder Zucchini sind also nichts für kleine Balkone oder Minigärtchen, aber wenn du ein Hügelbeet, einen alten Komposthaufen, ein Hochbeet oder eine große Beetfläche begrünen möchtest und gerne Kürbisse isst: nur zu.

Die wichtigsten Arten:
Cucurbita pepo: Gartenkürbis, Zucchini (ja, ist auch ein Kürbis!), Patisson, Ölkürbis, Spaghettikürbis, Zierkürbis
Cucurbita maxima: Riesenkürbis
Cucurbita moschata: Moschuskürbis
Cucurbita ficifolia: Feigenblattkürbis
Cucurbita mixta: Silbersamenkürbis

Alle Kürbissorten einer Art können sich verkreuzen, also die Zucchini mit dem Patisson oder dem Ölkürbis, nicht aber mit dem Riesen- oder Moschuskürbis. Die einzelnen Arten kreuzen sich bis auf eine Ausnahme nicht untereinander: *Cucurbita mixta* kann sich mit *Cucurbita moschata* und *Cucurbita pepo* kreuzen.

Du kannst sie ab Mitte April vorziehen, je zwei Korn in einem Topf, und nach den Eisheiligen pflanzt du sie an den Bestimmungsort. Für die Samenvermehrung brauchst du mindestens zwei Pflanzen pro Sorte. Sie sind einhäusig, d. h. jede Pflanze hat sowohl männliche als auch weibliche Blüten. Die männlichen Blüten sitzen auf langen Stielen, weibliche dicht am Stiel. Wenn eine weibliche Blüte mit dem Pollen einer männlichen derselben Pflanze bestäubt wird, kommt es häufig zu Inzucht-Erscheinungen. Dann entwickeln sich die Samen nicht gut und keimen schlecht. Der Pollen muss also immer von einer anderen Pflanze derselben Sorte stammen, die idealerweise gleichzeitig in der Nähe blüht. Für die Bestäubung sorgen vor allem Honigbienen und Hummeln.

Wenn du Sorten verschiedener Arten anbaust, die sich nicht verkreuzen können (dasselbe gilt für deine Nachbar*innen), kannst du die Bienen einfach walten lassen. Alternativ kannst du die Pflanzen auch in sehr großen Abständen (150 m) setzen oder selber in die Befruchtung eingreifen. Dazu musst du die großen gelben Blüten ein paar Tage lang beobachten. Jede blüht nur einen halben Tag, von morgens bis mittags. Die (wesentlich häufigeren) männlichen Blüten sitzen auf

langen dünnen Stielen, die kurzstieligen weiblichen Blüten haben einen großen Fruchtknoten, der meist schon eine Miniaturform der späteren Frucht aufweist. Wenn du erkennst, wie die Blüten ausschauen, die sich am nächsten Morgen öffnen werden, bindest du am Abend eine weibliche und mehrere männliche (einer anderen Pflanze!) vorsichtig mit einer weichen Schnur zu, sodass kein Insekt die Blüte berühren kann. Am nächsten Morgen pflückst du die männlichen Kandidaten und entfernst die Schnüre und die Blütenblätter, um die Staubbeutel freizulegen. Auch die weibliche Blüte wird befreit, sie öffnet sich mit etwas Glück von allein und du betupfst die weibliche Narbe mit den Staubbeuteln (Pollen) der Jungs. Dann bindest du die Blüte vorsichtig wieder zu und markierst den Stängel. Wenn es geklappt hat, beginnt die Frucht nun zu wachsen. Beobachte die ganze Pflanze aber genau. Besonders an großfruchtigen Sorten solltest du nur ein oder zwei Kürbisse ausreifen lassen, um gute Samen zu gewinnen. Zu viele Fruchtansätze solltest du abkneifen.

Die Kürbisse sind reif, wenn sie beim Anklopfen hohl klingen und die Fruchtstängel hart und vertrocknet sind (auch Zucchini müssen für die Samenernte gut ausgereift sein). Sie brauchen noch ein bis zwei Monate zum Nachreifen der Samen, dazu sollten sie bei etwa 15 °C trocken gelagert werden. Die großen Samen lassen sich mit einem Löffel herausschaben. Das verbleibende Fruchtfleisch kannst du unter fließendem Wasser abspülen. Hängt es noch sehr fest, kannst du die Samen für 24 Stunden einweichen, dann sollte es besser gelingen. Die Samen lässt du trocknen, das Fruchtfleisch kannst du zu Currys oder Suppen verarbeiten. Das Fruchtfleisch ausgereifter Ölkürbisse ist nicht genießbar, hier werden die getrockneten Samen verzehrt. Und Zierkürbisse sind – wie schon erwähnt – giftig.

Standort: offen, sonnig

Boden: nährstoffreich, gute Wasserversorgung

Lebensdauer: einjährig

Abstand: 100 cm (1 Pflanze/m^2)

Vorkultur: ab Mitte April im Haus

Saattiefe: 1 cm

Keimdauer: 1–2 Wochen bei 25 °C

Auspflanzung ins Freiland: Mitte Mai nach den letzten Frösten

Vermehrung: Samen

Verkreuzungsmöglichkeiten: Sorten können sich verkreuzen, Arten nicht (Ausnahme: *Cucurbita mixta* kann sich mit *Cucurbita moschata* und *Cucurbita pepo* kreuzen)

Blüte: gelb, ab Juni, im selben Jahr; einhäusig, Fremdbefruchtung durch Insekten

Saatguternte und Aufbereitung: sortenabhängig von August bis Oktober, von gut gelagerten Kürbissen bis zum darauffolgenden März; 1–2 Monate nach der Ernte nachreifen lassen, die Samen in Wasser reinigen, trocknen

Keimfähigkeit der Samen: 4–5 Jahre

Minimalbestand: pro Sorte 2–3 Pflanzen

Achtung, Zierkürbis: Alle Vertreter der Art *Cucurbita pepo* können sich mit den giftigen Zierkürbissen verkreuzen. Schmecken deine Zucchini oder Kürbisse bitter, dann wirf sie und das Saatgut unbedingt weg!

GURKE, MINIGURKE, INKAGURKE UND BITTERGURKE

Inkagurke

Minigurke

Eine Minigurken-Knolle

Cucumis sativus, Melothria scabra, Cyclanthera pedata, Momordica charantia

Hier stelle ich dir vier ganz verschiedene Gurken-Arten vor. Sie sind einjährig, frostempfindlich und wärmebedürftig, brauchen nährstoffreiche Erde und eine gute Wasserversorgung. Die guten Kletterer ranken an Gerüsten und Netzen empor oder breiten sich kriechend am Boden aus. Die *Cucumis sativus* wird weltweit angebaut, es gibt verschiedene Typen wie die langen, schmalen Schlangengurken, die meist in Gewächshäusern angebaut werden, oder die etwas stachligen freilandgeeigneten Feldgurken. Die Minigurke ist eine kleine Snackgurke aus Mittelamerika, knackig und saftig, mit einem leichten Zitronengeschmack. Sie kann sehr gut auch in Pflanzkübeln gezogen werden. Ebenso die Inkagurke (oder Scheibengurke, Hörnchenkürbis), ein altes Nahrungs- und Heilmittel aus den Anden. Hier erntest du die jungen Triebe und die 5–15 cm langen grünen Früchte, die roh nach Gurken, gekocht nach Erbsen schmecken. Die Bittergurke (auch Bittermelone, Bitterkürbis) wird als Nahrungs- und Heilmittel vor allem in Asien angebaut.

Alle Sorten der normalen Gurke können sich miteinander verkreuzen, ebenso wie die Bittergurkensorten untereinander. Die vier Arten verkreuzen sich nicht.

Du kannst die Gurken ab Mitte April im Haus vorziehen, je zwei Korn in einen Topf, und nach den Eisheiligen an ihren Bestimmungsort setzen. Für die Vermehrung brauchst du mindestens zwei Pflanzen pro Sorte. Gurken sind wie die Kürbisse einhäusig, d. h., jede Pflanze hat sowohl männliche als auch weibliche Blüten. Die männlichen Blüten sitzen auf langen Stielen, weibliche dicht am Stiel. Wenn eine weibliche Blüte mit dem Pollen einer männlichen derselben Pflanze bestäubt wird, kommt es häufig zu Inzucht-Erscheinungen: Die Samen entwickeln sich nicht gut und keimen schlecht. Der Pollen muss also immer von einer anderen Pflanze derselben Sorte kommen, die gleichzeitig blüht. Das übernehmen Bienen.

Gurken-Samen (*Cucumis sativus*)

Samen der Minigurke

Samen der Inkagurke

Samen der Bittergurke

Möchtest du verschiedene Sorten von *Cucumis sativus* oder Bittergurke vermehren, solltest du sie wie Kürbisse in 150 m Abstand voneinander anbauen oder sie von Hand bestäuben. Da die Blüten aber viel kleiner sind, brauchst du dafür ein Pinselchen. Vor und nach der Bestäubung musst du sie allerdings nicht zusammenbinden (das wäre viel zu mühsam), sondern kannst sie wie Tomatenblüten in Teebeuteln abbinden (am Knospenstängel zuschnüren).

Die Samen aller vier Sorten sind erst reif, wenn die Früchte schon ihren Reifezeitpunkt überschritten haben. Bei den Inkagurken verfärben sich die Früchte hell, fühlen sich hohl an und platzen bei leichtem Druck auf. Ihre großen schwarzen Samen sehen aus wie kleine Borkenstücke. Die kannst du, wie sie sind, an der Luft trocknen.

Bei den drei anderen Arten lässt du die Früchte so lange wie möglich an den Pflanzen hängen (faulen oder abfallen sollten sie allerdings nicht) und lässt sie dann noch zwei bis drei Wochen im Haus nachreifen. Die Bittergurken brauchen nicht ganz so lange, sie springen irgendwann mit einem Knall auf und präsentieren ihre großen hellbraunen Samen, meist noch mit einer roten Glibberschicht überzogen. Sie lässt sich lösen, indem du die Samen unter fließendem Wasser zwischen den Handflächen reibst.

Die Minigurken verfärben sich hell und werden weich, die normalen Gurken (*Cucumis sativus*) verfärben sich gelb-orange. Die Samen beider sitzen in einer gallertartigen Schicht, die sie davor bewahrt, gleich in der Frucht zu keimen. Die kannst du durch Nassreinigung mit Gärung entfernen: Schabe die Samen mit einem Löffel heraus, gib die Masse mit etwas Wasser in ein Glas und schüttle das immer mal wieder. (Die Minigurken kannst du einfach halbieren und in Wasser legen.) Meist schon nach einem Tag sind die Samen befreit und sinken zu Boden. Taube Samen (das können bei Gurken recht viele sein) schwimmen oben – die kannst du vorsichtig abgießen. Die anderen spülst du in einem Sieb unter fließendem Wasser ab und trocknest sie (Nassreinigung, siehe S. 51).

Standort: offen, sonnig

Boden: nährstoffreich, gute Wasserversorgung

Lebensdauer: einjährig

Abstand: 40 cm Reihenabstand

Vorkultur: ab Mitte April im Haus

Saattiefe: 1 cm

Keimdauer: 1–2 Wochen bei 25 °C (Inka-Gurken brauchen nur 20 °C)

Auspflanzung ins Freiland: Mitte Mai nach den letzten Frösten (ins frostfreie Gewächshaus können sie schon etwas eher einziehen)

Vermehrung: Samen; die Knollen der Minigurke vor den ersten Frösten ausgraben und in einem Erde-Sand-Gemisch mäßig feucht und frostfrei überwintern

Verkreuzungsmöglichkeiten: alle Sorten können sich verkreuzen, die 4 Arten miteinander nicht, Abstand zwischen einzelnen Sorten 150 m oder Handbestäubung

Blüte: gelb, ab Mai, im selben Jahr; einhäusig, Fremdbefruchtung durch Insekten

Saatguternte und Aufbereitung:

Alle Arten (außer Inkagurken) so lange wie möglich an den Pflanzen reifen und 2–3 Wochen nachreifen lassen)

Inkagurke: reife schwarze Samen ab September, wenn die Früchte aufplatzen, an der Luft trocknen

Bittergurke: große hellbraune Samen, wenn Früchte aufplatzen, unter fließendem Wasser reinigen, trocknen

Minigurke: Nassreinigung ohne Gärung, abspülen, trocknen

Cucumis sativus: Nassreinigung mit Gärung, abspülen, trocknen

Keimfähigkeit der Samen: 5 Jahre (Inka- und Bittergurke 3 Jahre)

Minimalbestand: pro Sorte 2–3 Pflanzen

Frisch von den Pflanzen gepflückte Gurken sind ein Traum. Minigurken und kleine Inkagurken kannst du wie saure Gurken einlegen. Dazu kochst du einen kräftigen Sud aus Essig, Salz, Zucker, Pfeffer- und Senfkörnern, packst die kleinen Gürkchen in saubere Schraubgläschen, übergießt sie mit dem Sud, Deckel drauf und alles noch mal 10 Minuten in einem sehr großen Topf einkochen. Nach zwei Wochen kannst du deine Gurken probieren. Theoretisch sind sie ewig haltbar, aber dazu schmecken sie einfach zu gut. Größere Inkagurken kannst du halbieren, die Kerne ausschaben, füllen und überbacken. Versuch es z. B. mal mit Tomate-Mozzarella, oder – mein Favorit – mit Sardellen und Bergkäse. Übrigens: Die „Stacheln" der Inkagurken pieksen nicht. Sie sind ganz weich und können mitgegessen werden.

Bittergurken sind etwas Spezielles. Manche brauchen eine Weile, um sie zu mögen, denn sie sind, nun ja, wirklich bitter. Ihre gesundheitsfördernden Eigenschaften kann ich hier leider nicht alle auflisten, aber schau mal ins Netz, du wirst staunen! In großen Teilen Asiens werden die Bittergurken in Currys gegessen, gebraten oder frittiert. In Indien heißen sie Karela und sind bei jedem Gemüse-Wala zu haben. Dort habe ich sie auch lieben gelernt und seit ein paar Jahren baue ich sie im (offenen) Gewächshaus an. An gutes Saatgut zu kommen, ist leider nicht leicht. Meist keimen nur ein oder zwei Samen aus einem Tütchen. Für den Anbau reicht das, aber zur Vermehrung habe ich selten genug Pflanzen. Die Samen sind ja wie bei allen Gurken-Arten erst reif, wenn die Früchte längst nicht mehr genießbar sind, und irgendwie landen sie bei mir meist schon vorher in der Küche. Ich lege sie süßsauer ein, manchmal gemischt mit Mini- und Inkagurken, in den Sud kommen zusätzlich noch Kardamom, Korianderkörner, Lorbeerblätter, Ingwer und Zucker. Oder ich koche eine Würzsauce davon, friere sie in kleinen Gläschen ein, und immer, wenn wir indisch essen (das ist ziemlich oft), bereichert eines dieser Gläschen das Menü. Hier mein Rezept:

BITTERGURKEN-WÜRZSAUCE

Die Bittergurken halbieren (1), aushöhlen (2), schnippeln (3) und mit Salz eingerieben eine halbe Stunde ziehen lassen, um die Bitterstoffe herauszuziehen. Das Salz abspülen. Kreuzkümmel, Bockshornklee, Senfkörner, Schwarzkümmel und Chili in einer Pfanne ohne Fett anrösten (4), bis die Gewürze in der Pfanne springen. Frische Zwiebeln, Knoblauch und Ingwer hacken (5) und mit den Gewürzen in Kokosöl anbraten, Bittergurke und frische Tomaten würfeln und zugeben (6 und 7). Alles zusammen 15 Minuten köcheln lassen (8), mit Salz und Zucker abschmecken, fertig. Wichtig: Die Bittergurkenstücke möchten in der Tomatensoße schwimmen! Dazu braucht es anteilmäßig sehr viel Tomate: ein Teil Zwiebel-Knoblauch-Ingwer-Gewürze, zwei Teile Bittergurke und drei oder vier Teile Tomate.

MANGOLD UND ROTE BETE

Mangoldpflanzen und -Ernte: eine wunderbar bunte Mischung

Neben der klassischen Roten Bete wie hier im Bild gibt es auch Weiße oder Gelbe Bete.

Beta vulgaris ssp. *vulgaris*

Mangold und Rote Bete (und übrigens auch Zucker- und Futterrübe) sind eng miteinander verwandt, sie zählen alle zur Unterart *Beta vulgaris* ssp. *vulgaris*. Mangold ist ein schnellwüchsiges, ertragreiches und gesundes Blattgemüse. Man unterscheidet zwischen Blattmangold (= Schnittmangold) und Stielmangold. Viele Sorten können aber als beides gezogen werden, dichter gesetzt für zarte Blätter, in größeren Abständen gesetzt für kräftige Stiele. Die Blätter können wie Spinat zubereitet werden, die Stiele ergeben ein aromatisches Stängelgemüse. Auf jeden Fall sollte Mangold gekocht werden, das reduziert seinen Oxalsäuregehalt, der die Aufnahme von Mineralstoffen wie Kalzium hemmen und damit zu Nierensteinen führen kann. Bis zur ersten Ernte vergehen etwa drei Monate; werden die kleineren inneren Blätter stehen gelassen, kann laufend bis in den Winter hinein (sowie im nächsten Frühjahr) geerntet werden. Rote Bete (oder Rote Rübe) gibt es nicht nur in Rot, sondern auch in Gelb und Weiß, sogar geringelte Sorten findet man auf dem Markt. Sie nennen sich dann ebenfalls Gelbe, Weiße Bete oder Ringelbete, es handelt sich aber bei allen um *Beta vulgaris* ssp. *vulgaris*.

Die Vermehrung beider Gemüse erfolgt über Samen. Blüten und Samen bilden Mangold und Rote Bete im zweiten Jahr aus. Sie entwickeln sich dann zu opulenten Pflanzen von bis zu 2 m Höhe und müssen mit Stäben gestützt werden. Aber um so groß zu wachsen, müssen sie zunächst über den Winter kommen. In wintermilden Regionen können sie im Beet stehen bleiben (bei mir klappt das super im unbeheizten Gewächshaus). Weiß- und grünstielige Mangoldsorten sind übrigens winterhärter als die roten, gelben, rosa- oder orangefarbenen. In Regionen mit starken Frösten müssen die Pflanzen im November vorsichtig ausgegraben und unversehrt im Lagerkeller (dunkel, 0–5 °C) überwintert werden. Die äußeren Blätter werden abgeschnitten, die Rüben in Kisten mit leicht feuchtem Stroh gepackt. Für die Samenernte im Frühjahr werden sie wieder ausgepflanzt. (Dann musst du sie bis zum Blattansatz eingraben.)

Standort: sonnig

Boden: nährstoffreich, durchlässig

Lebensdauer: zweijährig

Höhe: 30–70 cm (Blütenstände bis 200 cm)

Abstand: 15–30 cm (10–20 Pflanzen/m²)

Aussaat: April–Juli ins Freiland (Rote Bete für Samengewinnung im Juni)

Saattiefe: 3 cm

Keimdauer: 1–2 Wochen bei 15–20 °C

Überwinterung: in wintermilden Regionen können Mangold und Rote Bete den Winter über im Beet oder im unbeheizten Gewächshaus bleiben, ansonsten müssen die Rüben im Lagerkeller (dunkel, 0–5 °C) überwintern

Vermehrung: Samen

Verkreuzungsmöglichkeiten: alle Mangold- und Rote-Bete-Sorten können sich untereinander und mit Zuckerrüben und Futterrüben verkreuzen (deren Vermehrung funktioniert übrigens genauso)

Blüte: grün, Juli–September, im 2. Jahr; zwittrig, Fremdbefruchtung durch Wind

Saatguternte: im 2. Jahr im September oder Oktober ganze dürre Samenstände abschneiden, in einer Papiertüte nachtrocknen lassen, die großen Samenknäuel (die meist mehrere Samen enthalten) von den Stängeln rebeln oder dreschen, sieben

Keimfähigkeit der Samen: 3–4 Jahre

Minimalbestand: 6 Pflanzen

SPINAT, GUTER HEINRICH, NEUSEELÄNDER SPINAT

Im Herbst ausgesäter Spinat kann im Frühjahr geerntet werden. Hier wächst er zudem als Gründünger im Tomatenbeet.

Spinat – frisch vom Acker in die Küche!

Spinat-Samen

*Spinacia oleracea, Chenopodium bonus-henricus,
Tetragonia tetragonioides*

SPINAT

Das leckere und gesunde Gemüse wird weltweit genutzt und über Samen vermehrt, außerdem wächst es schnell. Für die Herbsternte wird Spinat im August gesät, für die Ernte im Frühjahr im November. Sommerernten gelingen selten, weil die Pflanzen schossen, wenn die Tage länger und heißer werden. Wenn beim Schneiden das Herz (die Triebe im Inneren) nicht verletzt wird, wachsen neue Blätter nach, der Erntezeitraum verlängert sich. Als Gründünger zur Bodenverbesserung kannst du Spinat oder den Guten Heinrich von März bis November säen. Wegen seines Oxalsäuregehalts, der bei empfindlichen Menschen zu Nierenproblemen führen kann, sollten große Portionen Spinat (wie auch bei Mangold, Roter Bete und Rhabarber) nur zweimal pro Woche gegessen werden.

GUTER HEINRICH

Diese einheimische Spinatvariante war früher weitverbreitet und wurde viel genutzt, ist aber mittlerweile so selten geworden, dass sie als gefährdet in der Roten Liste Deutschlands geführt wird. Der Gute Heinrich wird auch Wilder Spinat genannt; er schmeckt etwas würziger, herber als der Kulturspinat. Seine Blätter enthalten viel Vitamin C und Eisen. Im Frühjahr sind sie eine ausgezeichnete Salatgrundlage, du kannst sie fein gehackt zu Kräuterbutter, in Rührei, Salate und Suppen geben oder zu Spinat verkochen. Die zarten Triebe kannst du auch als Stängelgemüse zubereiten und die knospigen Blütenstände ausbacken.

Guter Heinrich gedeiht auf nährstoffreichem, feuchtem Boden und erscheint über viele Jahre jedes Jahr aufs Neue. Vermehren kannst du ihn über Samen oder Stockteilung. Er ist ein klassischer Kaltkeimer, der im Herbst ausgesät werden muss. Das Saatgut

SPINAT

Standort: sonnig

Boden: nährstoffreich

Lebensdauer: ein- bis zweijährig
(je nach Aussaattermin)

Höhe: 40 cm, Blütenstand bis 60 cm

Abstand: 20 cm (15 Pflanzen/m²)

Aussaat: März–November ins Freiland

Saattiefe: 1 cm

Keimdauer: 2–4 Wochen bei 15–20 °C

Vermehrung: Samen

Verkreuzungsmöglichkeiten: einzelne Spinatsorten verkreuzen sich untereinander, nicht gleichzeitig in Blüte gehen lassen

Blüte: gelb-grün, je nach Aussaatzeitpunkt von Juni-September im selben Jahr (bei Herbstaussaat im 2. Jahr); zweihäusig, Fremdbefruchtung durch Wind (neuere Züchtungen sind einhäusig)

Saatguternte: im Mai (bei Herbstaussaat) oder im Juli (bei Frühjahrsaussaat; nur die weiblichen Pflanzen produzieren Samen, ihre Blüten sitzen in den Blattachseln (die männlichen blühen vorher in Scheinähren); die ganzen Samenstände abschneiden, wenn sie dürr geworden sind, nachtrocknen, die Samen von den Stängeln rebeln (die Samen alter Sorten können scharfkantig sein, also benutze besser Handschuhe!) oder ausdreschen, sieben

Keimfähigkeit der Samen: 3 Jahre

Minimalbestand: 5 Pflanzen

SPINAT, GUTER HEINRICH, NEUSEELÄNDER SPINAT

Guter Heinrich und seine Samenkörner

keimt erst, wenn es vier bis sechs Wochen bei unter 5 °C in feuchter Erde gelegen hat. Ab dem dritten Jahr bildet er dann Samen aus. Die Blüten sind fremdbefruchtend, du brauchst also mehrere Pflanzen, um keimfähige Samen zu gewinnen. Bei der Saatguternte schneidest du die ganzen Samenstände ab, trocknest sie nach, rebelst die Samen von den Stielen und siebst sie.

NEUSEELÄNDER SPINAT

Dieses ergiebige Blattgemüse wächst wild an den Küsten Neuseelands, Australiens, Japans und Chinas und kann ebenfalls wie Spinat verwendet werden (roh, gedünstet oder gekocht). Es schmeckt auch so ähnlich, nur ein wenig würziger und ist eine gute Alternative für die spinatlose Sommerzeit. Regelmäßiges Ausbrechen der Triebspitzen (ab in den Salat damit!) steigert den Ertrag. Die Pflanzen brauchen recht viel Platz, sie breiten sich kriechend aus. Hügelbeete sind optimale Standorte.

Neuseeländer Spinat und seine Samenkörner

GUTER HEINRICH

Standort: sonnig, halbschattig

Boden: nährstoffreich, feucht

Lebensdauer: mehrjährig

Höhe: bis 60 cm, die Samenstände bis 120 cm

Abstand: 40 cm (6 Pflanzen/m^2)

Aussaat: September–Oktober in Töpfchen im Freien (Kaltkeimer)

Saattiefe: 0,2 cm

Vermehrung: Samen, Stockteilung

Verkreuzungsmöglichkeiten: keine

Blüte: grün, Mai–Juli, ab dem 3. Jahr; zwittrig oder weiblich, Fremdbefruchtung durch Wind

Saatguternte: trockene Samenstände im Spätsommer schneiden, nachtrocknen, Samen von den Stängeln rebeln, sieben

Keimfähigkeit der Samen: 2–3 Jahre

Minimalbestand: 5 Pflanzen

NEUSEELÄNDER SPINAT

Standort: sonnig

Boden: nährstoffreich, feucht

Lebensdauer: mehrjährig in seiner Heimat, bei uns wird er einjährig kultiviert

Höhe: 40–60 cm

Abstand: 50 cm (2 Pflanzen/m^2)

Aussaat: ab Mitte Mai in Töpfchen im Freien (die großen Samen vorher 24 Stunden einweichen)

Saattiefe: 1 cm

Keimdauer: 4–6 Wochen bei 20–25 °C

Ernte: Blätter laufend von Juli–Oktober

Vermehrung: Samen

Verkreuzungsmöglichkeiten: keine

Blüte: gelb, August–September, im selben Jahr; zwittrig, Selbstbefruchtung, selten Fremdbefruchtung durch Insekten

Saatguternte: große Samen sitzen einzeln und gut sichtbar in den Blattachseln; sie sind reif, wenn sie sich leicht vom Stängel lösen lassen; auspflücken oder ganze Triebe abschneiden, zum Trocknen aufhängen (bzw. locker auslegen); danach auspflücken

Keimfähigkeit der Samen: 2 Jahre

Minimalbestand: 5 Pflanzen

SALAT

Kopfsalat ‚Maikönig'

Pflücksalat ‚Lollo Rosso'

Spargelsalat ‚Roter Stern' ...

... und seine Samenstände

Lactuca sativa

Unsere Gartensalatsorten kreuzen sich nur selten untereinander, denn es sind Selbstbefruchter. Nur in 1,5–2 Prozent der Fälle gelingt es mal einer Schwebfliege, hier eine Fremdbefruchtung vorzunehmen. Das ist doch mal was, oder?

In Europa landen vor allem Kopfsalat, Pflücksalat, Eisbergsalat und Romanasalat auf den Tellern.

Kopfsalate bilden große und kompakte Salatköpfe aus, die im Ganzen abgeschnitten werden. Bei Pflücksalaten werden die Blätter nach und nach von außen nach innen geerntet (gepflückt). Eichblattsalate erinnern mit ihrer Blattform an Eichenlaub und haben meist halb geöffnete oder lockere Köpfe, sie können im Ganzen oder nach und nach geerntet werden. Eisberg- und Romanasalate sind fester und knackiger, sie punkten mit recht langer Lagerzeit. Bei den in Asien verbreiteten Spargelsalaten werden nicht die Blätter, sondern die saftigen Strünke geerntet.

Es gibt Sorten für den Anbau zu fast jeder Jahreszeit. Viele können schon ab Februar aus Samen gezogen werden, bei manchen klappt das sogar noch im September. Grundsätzlich sind kühlere Temperaturen günstiger. Wenn es heiß wird, neigen viele Salate (besonders Kopfsalate) dazu, zu schossen, also vorzeitig in Blüte zu gehen, und schmecken dann bitter. Sie schossen auch, wenn sie zu dicht stehen und miteinander konkurrieren.

Die meisten Sorten werden in Aussaatschalen im Freien ausgesät, später pikiert und an Ort und Stelle gepflanzt (siehe auch S. 21 im Abschnitt über das Pikieren). Wenn du es schaffst, mit ganz spitzen Fingern zu säen, und die nötigen Abstände einhältst, kannst du dir das aber auch sparen und direkt säen. Nur Babyleaf-Salate dürfen etwas dichter stehen, sie werden ja zeitiger geerntet, etwa ab 5 cm Blattlänge. Pflücksalate kannst du ab 10 cm Blattlänge ernten. Erst, wie schon erwähnt, die äußeren Blätter, später kannst du die Pflanzen auf 2 cm über dem Boden schneiden, sie treiben wieder aus, bis sie irgendwann in Blüte gehen.

Wenn du Salate vermehren willst, bedenke, dass die Samenträger gut 2 m hoch werden können und sich reichlich verzweigen. Ein Hochbeet ist als Standort denkbar ungeeignet, es sei denn, du möchtest die Samen auf der Leiter stehend auszupfen. Die Hauptstängel können 2–3 cm dick werden und neigen, weil sie nicht tief wurzeln, zum Umfallen, du solltest sie also beizeiten stützen.

Eisbergsalate mit festen Köpfen müssen kreuzweise eingeschnitten werden, damit die Blütenstängel herauswachsen können.

Salatsamen kannst du ab August ernten, wenn sie schon locker in den vertrockneten Blütenkörbchen sitzen. Sie reifen nicht alle auf einmal aus, sondern über Wochen verteilt. Zupf sie entweder nach und nach an ihren Flugschirmchen aus den Hüllen oder schneide ganze Blütenstände, trockne sie nach, reble die Samen aus und reinige sie durch Sieben und Pusten, so gut es geht.

Standort: sonnig, anspruchslos

Boden: nährstoffreich

Lebensdauer: einjährig

Höhe: etwa 30 cm (Samenträger bis 200 cm)

Abstand: 15 cm (25 Pflanzen/m^2)

Aussaat: sortenabhängig Februar–September in Aussaatschalen im Freien, später pikieren und auspflanzen

Saattiefe: 0,5 cm

Keimdauer: 1–2 Wochen bei 10–15 °C

Vermehrung: Samen

Verkreuzungsmöglichkeiten: keine

Blüte: gelb, je nach Sorte meist ab Juli, im selben Jahr; Selbstbefruchtung, ganz selten Fremdbefruchtung durch Insekten

Saatguternte: reife Samen ab August nach und nach auszupfen oder ganze Samenstände schneiden, nachtrocknen, Samen abrebeln, sieben und pusten

Keimfähigkeit der Samen: 3 Jahre

Minimalbestand: 3 Pflanzen (um die genetische Vielfalt zu erhalten)

Gute Wasserversorgung gewährleistet zarte, saftige Blätter. Aber was liebt die Schnecke mehr, als über die feuchte Erde zu kriechen und das junge, saftige Grün in sich hineinzuschlingen? Es gibt da tatsächlich etwas: angewelktes Grün! Salatreste, Gurkenschalen, welke Beikräuter usw. lenken sie nicht nur ab. Die Schnecke frisst solche Nahrung lieber, weil sie ihr auch besser bekommt. Es sieht vielleicht ein bisschen unordentlich aus, wenn Erntereste in den Gemüsebeeten liegen, aber das macht ja nun wirklich nichts, oder? Gerne weitersagen!

RUCOLA, WILDE RAUKE UND WASABI-RAUKE

Rucola ist anspruchslos, schnellwüchsig –unverzichtbar!

Rucola-Blüten

Rucola-Samen

Wilde Rauke: die einheimische Rucola-Variante, mehrjährig und geschmacklich noch intensiver

Eruca sativa, Diplotaxis tenufolia, Diplotaxis erucoides

RUCOLA

Das bekannte Gewürzkraut und Salatgemüse mit den nussig-kresseähnlichen und leicht scharf schmeckenden Blättern ist total unkompliziert im Anbau und in der Vermehrung. Du kannst Rucola ab April aussäen und schon nach wenigen Wochen beernten. Im Sommer erscheinen schöne weiße Blüten. Wenn du die Blütenstiele regelmäßig ausbrichst, förderst du das Blattwachstum. Willst du Samen nehmen, musst du die Pflanzen natürlich blühen lassen. Die Samen reifen schon im Aussaatjahr, sie sitzen in langen, schmalen Schoten. Du kannst sie ernten, wenn sie staubtrocken sind. Brich sie auf, trockne sie nach und siebe sie schließlich. Wundere dich nicht, dass die Samen dann erst mal nicht keimen wollen, sie haben eine natürliche Keimruhe von etwa zwei Monaten ab Erntezeitpunkt.

RUCOLA

Standort: sonnig, anspruchslos

Boden: humos, feucht, durchlässig

Lebensdauer: einjährig

Höhe: 20 cm (Blütenstand 90 cm)

Abstand: 15 cm (25 Pflanzen/m²)

Aussaat: April–August ins Freiland

Saattiefe: 0,5 cm

Keimdauer: 2–4 Wochen bei 15–20 °C

Vermehrung: Samen

Verkreuzungsmöglichkeiten: verschiedene Rucola-Sorten können sich miteinander verkreuzen

Blüte: weiß, Juni–August, im selben Jahr; zwittrig, strenge Fremdbefruchtung durch Insekten (Selbstbefruchtung unmöglich)

Saatguternte: trockene Schoten im Sommer (nachtrocknen, aufbrechen, sieben)

Keimfähigkeit der Samen: 3–4 Jahre

Minimalbestand: 5 Pflanzen

RUCOLA, WILDE RAUKE UND WASABI-RAUKE

Wasabi-Rauken-Blüte

Die Wasabi-Rauke, ein echt scharfes Wildkraut!

WILDE RAUKE

Die Blätter der Wilden Rauke sehen jenen von Rucola sehr ähnlich. Sie sind etwas kleiner (die ganze Pflanze wächst filigraner), schmecken und duften aber dafür intensiver. Anbau und Vermehrung sind ebenfalls unkompliziert. Die Wilde Rauke ist mehrjährig, du musst sie also nicht jedes Jahr erneut aussäen. Außerdem, das wirst du schnell merken, hat sie die Tendenz, durch den Garten zu wandern und sich in allen möglichen und unmöglichen Ecken anzusiedeln, ohne allerdings lästig zu werden. Spätestens zur Blütezeit kannst du sie von Rucola unterscheiden, ihre Blüten sind nämlich gelb. Die Samenernte entspricht jener von Rucola.

WASABI-RAUKE

Und noch eine leckere Wilde mit rucolaähnlichen Blättern – ihr richtiger Name ist Raukeähnlicher Doppelsame. Sie schmeckt wie eine Mischung aus Rucola und Wasabi, die Blätter machen sich klein gehackt wunderbar auf Butterbroten, in Quark, Kartoffel- und Eiergerichten. Ein Muss für Liebhaber*innen der scharfen Kräuterküche! Anbau und Vermehrung sind ebenfalls unkompliziert, die Samenernte entspricht jener von Rucola und Wilder Rauke.

WILDE RAUKE

Standort: sonnig

Boden: mager, anspruchslos

Lebensdauer: mehrjährig

Höhe: 20 cm (Blütenstand 100 cm)

Abstand: 15 cm (25 Pflanzen/m²)

Aussaat: März–Juli ins Freiland

Saattiefe: 0,5–1 cm

Keimdauer: 1–2 Wochen bei 15–20 °C

Vermehrung: Samen

Verkreuzungsmöglichkeiten: keine

Blüte: gelb, Juni–September, je nach Aussaatzeitpunkt ab dem 1. oder 2. Jahr; zwittrig, Fremdbefruchtung durch Insekten

Saatguternte: trockene Schoten im Sommer: nachtrocknen, aufbrechen, sieben

Keimfähigkeit der Samen: 4 Jahre

Minimalbestand: 5 Pflanzen

WASABI-RAUKE

Standort: sonnig, halbschattig, frisch

Boden: humos, feucht, durchlässig

Lebensdauer: einjährig
(milde Winter überdauert sie mitunter)

Höhe: 20–40 cm

Abstand: 15 cm (25 Pflanzen/m²)

Aussaat: April–Juli ins Freiland

Saattiefe: 0 cm (Lichtkeimer)

Keimdauer: 2–3 Wochen bei 15–20 °C

Vermehrung: Samen

Verkreuzungsmöglichkeiten: keine

Blüte: weiß, später violett, Mai–Oktober, im selben Jahr; zwittrig, Fremdbefruchtung durch Insekten

Saatguternte: trockene Schoten im Sommer: nachtrocknen, aufbrechen, sieben

Keimfähigkeit der Samen: 3 Jahre

Minimalbestand: 5 Pflanzen

DIE ETWAS ANDEREN SALATPFLANZEN – VIER UNKOMPLIZIERTE GÄNSEFUSSGEWÄCHSE AUS ALLER WELT

Echter Erdbeerspinat: Ein altes europäisches Bauerngarten-Gemüse ...

... mit Früchten, die Erdbeeren täuschend ähnlich sehen.

Riesen-Gänsefuß: eine sehr dekorative und ergiebige Salatpflanze

Chenopodium foliosum, *Chenopodium giganteum*, *Chenopodium berlandieri* ssp. *nuttaliae* und *Atriplex hortensis*

ECHTER ERDBEERSPINAT

Er stammt aus Südeuropa und Zentralasien und war, bevor der Spinat die Welt eroberte, ein Bauerngarten-gemüse, das man auch in Europa anbaute. Im September werden die Früchte rot und fleischig, sie erinnern optisch an Erdbeeren, sind aber geschmacksneutral. Die zarten Blätter und Triebe werden einzeln ausge-pflückt, man kann sie frisch auf Butterbrote und in Salate geben oder einen Spinat aus ihnen kochen.

Die Pflanzen werden bis zu 50 cm hoch und blühen mit unscheinbaren grünen Blüten. Ein enger Verwandter ist der Kopfige Erdbeerspinat (*Chenopodium capitatum*). Er hat am Kopf nur die Blütenknäuel, keine Blätter, Kultur und Vermehrung sind identisch.

RIESEN-GÄNSEFUSS

Er stammt vermutlich aus Indien und wird auch Magenta-Spreen oder Baumspinat genannt, hat dekorative purpurfarbene Triebspitzen und ist eine sehr ergiebige Salatpflanze. Er kann gut 2 m hoch und 0,5 m breit werden. Du kannst die Blätter laufend auspflü-cken und wie Salat verwenden oder zu Spinat verko-chen. Sie eignen sich auch hervorragend als Basis für Green Smoothies.

ECHTER ERDBEERSPINAT

Standort: sonnig, halbschattig

Boden: durchlässig, anspruchslos

Lebensdauer: einjährig

Höhe: 15–50 cm

Abstand: 25 cm (15 Pflanzen/m²)

Aussaat: Mai–Juli ins Freiland

Saattiefe: 2 cm

Keimdauer: 1–3 Wochen bei 15–20 °C

Vermehrung: Samen

Verkreuzungsmöglichkeiten: keine

Blüte: grün, Juni-Juli, im selben Jahr; zwittrig, Fremdbefruchtung durch Wind

Saatguternte: reife Früchte im Spätsommer, wenn die Pflanzen welken, Nassreinigung ohne Gärung

Keimfähigkeit der Samen: 2–3 Jahre

Minimalbestand: 6 Pflanzen

RIESEN-GÄNSEFUSS

Standort: sonnig, halbschattig

Boden: anspruchslos

Lebensdauer: einjährig

Höhe: 150– 200 cm

Abstand: 40 cm (4 Pflanzen/m²)

Aussaat: Mai –Juli ins Freiland

Saattiefe: 0 cm (Lichtkeimer)

Keimdauer: 2–3 Wochen bei 15–20 °C

Vermehrung: Samen

Verkreuzungsmöglichkeiten: keine

Blüte: purpurn, Juli-September, im selben Jahr; zwittrig, Fremdbefruchtung durch Wind

Saatguternte: Samenstände im September oder Oktober, wenn sie dürr sind, abschneiden und in einer Papiertüte nachtrocknen lassen, zwischen den Händen reiben, damit sich die kleinen schwarzen Samen lösen, sieben

Keimfähigkeit der Samen: 3–4 Jahre

Minimalbestand: 6 Pflanzen

DIE ETWAS ANDEREN SALATPFLANZEN – VIER UNKOMPLIZIERTE GÄNSEFUSSGEWÄCHSE AUS ALLER WELT

Der Mexikanische Gänsefuß ist ein ergiebiges Blattgemüse und Pseudogetreide.

Die dekorativen Samenstände vom Mexikanischen Gänsefuß im Herbst

Die Gartenmelde, ein altes Bauerngarten-Gemüse, kannst du wie Spinat verwenden.

Die Gartenmelde produziert reichlich Samen für die kommenden Jahre oder für den Saatgut-Tausch.

MEXIKANISCHER GÄNSEFUSS

Dies ist ein ergiebiges Blattgemüse und Pseudogetreide aus Mexiko, dort nennt es sich Huazontle. Die etwas nussig schmeckenden Blätter können in Salate und Aufläufe gegeben oder zu einem Spinatgemüse verkocht, die knospigen (noch geschlossenen) Blütenstände wie Stängelbrokkoli als Gemüse verwendet werden. Die vielen Samen (der Mexikanische Gänsefuß ist eng mit der Quinoa verwandt) sind ebenfalls essbar. Du solltest sie aber vor dem Verzehr über Nacht einweichen und danach gründlich abspülen, um die enthaltenen Saponine zu entfernen, die einen bitteren Geschmack verursachen können. Im Herbst färben sich Stängel und Samenstände sensationell rot.

GARTENMELDE

Sie wächst zwar in vielen Teilen der Welt wild, ist jedoch eine Kulturpflanze, die wie der Erdbeerspinat ein verbreitetes Bauerngartengemüse war, bevor der Spinat die Vorherrschaft errang. Die jungen Blätter schmecken mild spinatartig. Du kannst sie wie Spinat frisch in Salaten verwenden oder kochen. Es gibt grüne, gelbe und rote Formen. Letztere sind in Salaten natürlich besonders dekorativ und färben, wenn sie mitgekocht werden, Speisen rosa. Die Pflanzen wachsen schnell und sind ab einer Pflanzenhöhe von 40 cm beerntbar, schon nach einem guten Monat. Schneidest du sie in ca. 20 cm Höhe ab, treiben sie erneut aus.

Die Samen sitzen in typischen scheibenförmigen Hüllen und sind von zweierlei Gestalt: entweder gelbbraun und 3 mm groß (diese sind unmittelbar keimfähig) oder schwarz und 1–2 mm groß (diese keimen mitunter erst nach zwei Jahren).

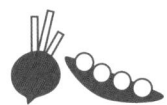

MEXIKANISCHER GÄNSEFUSS

Standort: sonnig, halbschattig

Boden: anspruchslos

Lebensdauer: einjährig

Höhe: bis 140 cm

Abstand: 30 cm (10 Pflanzen/m^2)

Aussaat: ab März ins Freiland

Saattiefe: 0 cm (Lichtkeimer)

Keimdauer: 1–2 Wochen bei 15–20 °C

Vermehrung: Samen

Verkreuzungsmöglichkeiten: keine

Blüte: rot, September–Oktober, im selben Jahr; zwittrig, Fremdbefruchtung durch Wind

Saatguternte: Samenstände im September–Oktober, wenn sie dürr sind, abschneiden und in einer Papiertüte nachtrocknen lassen, zwischen den Händen reiben, damit sich die Samen lösen, sieben

Keimfähigkeit der Samen: 2–3 Jahre

Minimalbestand: 6 Pflanzen

GARTENMELDE

Standort: sonnig, halbschattig

Boden: anspruchslos

Lebensdauer: einjährig

Höhe: sortenabhängig 150– 200 cm

Abstand: 30 cm (10 Pflanzen/m^2)

Aussaat: März–Juli ins Freiland

Saattiefe: 1–2 cm

Keimdauer: 1–2 Wochen bei 10–20 °C

Vermehrung: Samen

Verkreuzungsmöglichkeiten: die grünen, gelben und roten Formen können sich verkreuzen, daher immer nur eine blühen lassen!

Blüte: grün oder rot (sortenabhängig), Juli–September, im selben Jahr; männlich, weiblich oder zwittrig, Fremdbefruchtung durch Wind

Saatguternte: Samenstände im September–Oktober, wenn sie dürr sind, abschneiden und in einer Papiertüte nachtrocknen lassen, rebeln und sieben

Keimfähigkeit der Samen: 3–4 Jahre

Minimalbestand: 6 Pflanzen

BLATTSENF

Achtung bei der Platzwahl, die Samenträger vom Blattsenf werden gern mal 2 m hoch.

Brassica juncea

Für alle, die es scharf mögen, sind diese Würzkräuter aus der Gruppe der Asia-Salate eine echte Empfehlung. Die einzelnen Sorten tragen so lustige Namen wie ,Dragon's Tongue', ,Red Giant', ,Pizzo' und ,Wasabino'. Sie unterscheiden sich in Blattform, Farbe und Geschmack und schmecken mehr oder weniger scharf nach Senf, Kresse oder Meerrettich.

Blattsenf ist einfach zu kultivieren und auch rasch beerntbar. Zarte junge Blätter (5–10 cm) können schon nach wenigen Wochen geschnitten werden und als würzige Salatgrundlage oder -beigabe dienen. Größere und ältere Blätter ergeben gedünstet oder in Öl gebraten ein schmackhaftes Gemüse. Auch die Knospen und Blüten sind richtig gut, z. B. als Wok-Gemüse. Im Sommer und bei Trockenheit schmeckt der Blattsenf übrigens schärfer.

Ein großer Vorzug ist seine Kältetoleranz: Die Pflanzen überstehen Temperaturen von bis zu -10 °C! Bei unter +10 °C wachsen sie zwar nicht mehr, aber sie können weiterhin frisch gepflückt werden. Das funktioniert in geschützten Lagen sogar in Balkonkästen. Für die Herbst- und Winterernte stehen sie idealerweise im unbeheizten Gewächshaus. Die Sorte ,Grün im Schnee' (siehe rechts) macht ihrem Namen alle Ehre: Du kannst sie im Herbst sogar ins Freiland säen und dann mit etwas Glück von November bis Mai beernten. Theoretisch können alle Blattsenfsorten von Februar bis September ausgesät werden. Im Frühsommer gehen sie aber schnell in Blüte und die Erntezeit ist vorüber. Die Aussaat im Frühjahr bringt weniger Blatterträge. Willst du große Pflanzen mit viel Blattgrün ziehen, dann säe sie zwischen Juli und August, für die Ernte im zeitigen Frühjahr säe im Herbst. Als Samenträger kommen Pflanzen, die vorzeitig schossen, nicht in Betracht. Ach ja – und bedenke, dass die Samenträger ganz schön groß werden können: genauer gesagt, bis zu 2 m!

Blattsenf wird direkt ins Beet gesät, schon im ersten Jahr bilden sich die Samen (bei Herbstaussaat im 2. Jahr). Wichtig ist, dass du ihn in Gruppen anbaust. Wie alle Kreuzblütler ist er ein strenger Fremdbefruchter, aus Einzelpflanzen kannst du kein brauchbares Saatgut gewinnen. Die einzelnen Sorten kreuzen sich untereinander, also lass, wenn du Samen nehmen willst, immer nur eine davon blühen. Säe sie mindestens drei Wochen zeitversetzt aus. Oder brich bei den Sorten, die du nicht vermehren willst, regelmäßig die Blütenstiele aus, bevor sich die ersten Blüten öffnen. Das fördert – ganz nebenbei – das Blattwachstum der Pflanzen und du kannst mehr von dem leckeren Grünzeug ernten.

Rechts siehst du meine Blattsenf-Sorten:

'Grün im Schnee' mit leicht gezackten ovalen Blatträndern und einem angenehm scharfen Senf-Aroma

'Dragon's Tongue' mit gezackten Blättern, lila Blattadern und einem angenehm scharfen Senf-Aroma

'Pizzo' mit gezackten Blatträndern und einem angenehm scharfen Senf-Aroma

'Red Frills' mit tief ein-geschnittenen rot-grünen Blättern und einem ange-nehm scharfen Senf-Kres-se-Aroma

'Red Giant' mit rot-grünen Blättern und einem ange-nehm scharfen Senf-Meer-rettich-Aroma

'Wasabino' mit gefieder-ten und leicht gekräusel-ten Blättern und kräftigem Wasabi- bzw. Meerrettich-Aroma

Standort: sonnig, halbschattig

Boden: mäßig nährstoffreich, regelmäßig gießen!

Lebensdauer: einjährig

Höhe: 20–40 cm (Samenträger bis 200 cm!)

Aussaat: Februar–September

Abstand: 5-10 cm (für Baby-Leaves auch dichter)

Reihenabstand: 10–20 cm

Fruchtfolge: am selben Ort eine Anbaupause (4 Jahre) einlegen

Saattiefe: 1 cm

Keimdauer: 1–2 Wochen bei 15–20 °C

Vermehrung: Samen

Verkreuzungsmöglichkeiten:
alle Blattsenf-Sorten verkreuzen sich!

Blüte: gelb, je nach Aussaatzeitpunkt im selben oder 2. Jahr; zwittrig, strenge Fremdbefruchtung (Selbstbefruchtung unmöglich)

Saatguternte: trockene Schoten im Sommer (nachtrocknen, aufbrechen, sieben)

Keimfähigkeit der Samen: 6 Jahre

Minimalbestand: 5 Pflanzen

Zu den Asia-Salaten zählen auch Blattkohlarten wie Pak Choi und Mizuna, die vor allem in China und Japan kultiviert werden. In Anbau und Samengewin-nung unterscheiden sie sich nicht vom Blattsenf.

KOHLPFLANZEN

Rotkohl im Hochbeet

Wirsingkohl

Kohlrabi

Weißkohl

Weißkohl *(Brassica oleracea* ssp.
oleracea convar. *capitata* var. *capitata alba)*
Rotkohl *(Brassica oleracea* ssp.
oleracea convar. *capitata* var. *capitata rubra)*
Wirsingkohl *(Brassica oleracea* ssp.
oleracea convar. *capitata* var. *sabauda)*
Kohlrabi *(Brassica oleracea* ssp.
oleracea convar. *caulorapa* var. *gongylodes)*
Rosenkohl *(Brassica oleracea* ssp.
oleracea convar. *fruticosa* var. *gemmifera)*
Grünkohl *(Brassica oleracea* ssp.
oleracea convar. *acephala* var. *sabellica)*
Brokkoli *(Brassica oleracea* ssp.
oleracea convar. *botrytis* var. *italica)*
Blumenkohl *(Brassica oleracea* ssp.
oleracea convar. *botrytis* var. *botrytis)*

Für den Verzehr werden diese Kohlgewächse einjährig kultiviert, für die Vermehrung brauchen sie bis auf Brokkoli und Blumenkohl allerdings zwei Jahre. Die meisten sind Starkzehrer, die nährstoffreichen, durchlässigen Boden benötigen. Als Fremdbefruchter werden sie von Insekten bestäubt, du musst also mehrere Pflanzen davon in den Beeten stehen haben, damit sich keimfähige Samen entwickeln können. Alle Vertreter der Art können sich untereinander kreuzen (der Rotkohl mit dem Blumenkohl usw.), natürlich auch alle Sorten. Die Samenträger der einzelnen Vertreter der Art *Brassica oleracea* werden unterschiedlich überwintert, wie genau, kannst du in den jeweiligen Steckbriefen nachlesen.

WEISSKOHL, ROTKOHL, WIRSINGKOHL UND KOHLRABI

Standort: sonnig

Boden: nährstoffreich, durchlässig

Lebensdauer: zweijährig

Höhe: Blütenstände sortenabhängig bis 170 cm (Pflanzen mit Stäben stützen)

Aussaat: Vorkultur im Haus ab März oder im Freien ab Mai (für Samengewinnung Mai, Kohlrabi erst ab Juni), später pikieren und auspflanzen

Keimdauer: 1–2 Wochen bei 15–20 °C

Abstand: 60 x 60 cm (Kohlrabi 20–25 cm)

Überwinterung:

Weißkohl, Rotkohl: mittelgroße Köpfe im Herbst mit Wurzel ausgraben, äußere Blätter entfernen, in einen Eimer stellen (ohne Erde) und im Lagerkeller (dunkel, 0–5 °C) überwintern, im Frühjahr wieder auspflanzen (tiefer als im Vorjahr, der Kopf darf auf der Erde sitzen; damit die Blütentriebe die Blätter durchbrechen können, den Kopf etwa 3–5 cm tief kreuzweise einschneiden)

Wirsingkohl: im Freien, er ist frostfest und kann im Beet stehen bleiben

Kohlrabi: in Töpfen mit Sand im Lagerkeller (dunkel, 0–5 °C) überwintern, im Frühjahr wieder auspflanzen

Vermehrung: Samen

Verkreuzungsmöglichkeiten: alle Vertreter der Art können sich untereinander kreuzen, ebenso alle Sorten

Blüte: gelb, ab Juni/Juli des 2. Jahres; zwittrig, Fremdbefruchtung durch Insekten, selbstunfruchtbar

Saatguternte: im 2. Jahr ab September gesamte dürre Samenstände von den Strünken schneiden, nachtrocknen lassen, Samen aus den Schoten rebeln oder dreschen, sieben

Keimfähigkeit der Samen: 3–4 Jahre

Minimalbestand: 3 Pflanzen

KOHLPFLANZEN

Grünkohl

BROKKOLI UND BLUMENKOHL

Standort: sonnig

Boden: nährstoffreich, durchlässig

Lebensdauer: einjährig

Höhe: Blütenstände sortenabhängig bis 150 cm (Pflanzen mit Stäben stützen)

Aussaat: Vorkultur im Haus ab Februar, später pikieren und auspflanzen

Keimdauer: 1–2 Wochen bei 15–20 °C

Abstand: 60 x 60 cm

Vermehrung: Samen

Verkreuzungsmöglichkeiten: alle Vertreter der Art können sich untereinander kreuzen, ebenso alle Sorten

Blüte: gelb, ab Juli, im selben Jahr; zwittrig, Fremd-befruchtung durch Insekten, selbstunfruchtbar

Saatguternte: ab September ganze dürre Samen-stände von den Strünken schneiden, nachtrock-nen lassen, Samen aus den Schoten rebeln oder dreschen, sieben

Keimfähigkeit der Samen: 3–4 Jahre

Minimalbestand: 3 Pflanzen

ROSENKOHL UND GRÜNKOHL

Standort: sonnig

Boden: nährstoffreich, durchlässig

Lebensdauer: zweijährig

Höhe: Blütenstände sortenabhängig bis 170 cm (Pflanzen mit Stäben stützen)

Aussaat: ab Mai in Töpfchen, später pikieren und auspflanzen (für Samengewinnung besser erst April) oder Direktsaat im Freien ab Anfang Mai, später pikieren und auspflanzen

Keimdauer: 1–2 Wochen bei 15–20 °C

Abstand: 60 x 60 cm

Überwinterung: im Freien (die ausgewählten Samenträger nur sparsam beernten; Rosenkohl: ein Drittel der Röschen in der Mitte des Strunks muss dranbleiben!)

Vermehrung: Samen

Verkreuzungsmöglichkeiten: alle Vertreter der Art können sich untereinander kreuzen, ebenso alle Sorten

Blüte: gelb, ab Juni des 2. Jahres; zwittrig, Fremd-befruchtung durch Insekten, selbstunfruchtbar

Saatguternte: im 2. Jahr ab September gesamte dürre Samenstände abschneiden, in einer Papier-tüte nachtrocknen lassen, Samen aus den Schoten rebeln oder dreschen, sieben

Keimfähigkeit der Samen: 3–4 Jahre

Minimalbestand: 3 Pflanzen

Wenn es schnell gehen soll: Diese Kohlgewächse sind ganz leicht zu kultivieren und landen schon wenige Wochen nach der Aussaat auf deinem Teller. Sowohl Rübstiel als auch Broccoletto gehören zur Art *Brassica rapa var. rapa* und sind Fremdbefruchter (Insektenbestäubung). Alle Vertreter dieser Art kreuzen sich miteinander, dazu zählen auch Rüben, Chinakohl und Pak Choi. Für die Samenernte (schon im selben Jahr!) darfst du sie nicht nebeneinander blühen lassen. Ihre Samen sitzen in langen Schoten, die kurz vor der Vollreife geschnitten werden.

Schnellwüchsiges Kohlgemüse: Rübstiel (auch als Stielmus bekannt)

Rübstiel (Stielmus) ist ein schnellwüchsiges Blattgemüse, das aus wildem Stängelkohl gezüchtet wurde. Es wird traditionell im Rheinland und in Holland angebaut, sehr dicht gesät (Abstand 1 cm) und bildet daher nur winzige Rüben aus. Schon nach sechs bis acht Wochen kannst du Blätter und Stiele oder die gesamte Pflanze mit Wurzel ernten und als Salat essen oder sie wie Spinat kleinhacken, dünsten und zu Kartoffelstampf reichen. Sie schmeckt mild würzig, dezent säuerlich, etwas kohl- und etwas senfaromatisch. Je mehr Sonne die Pflanzen bekommen, desto würziger sind sie. Aussaat als Frühlingsgemüse von März bis April, für die Herbsternte von August bis September, 1–2 cm tief.

Broccoletto-Blüten

Broccoletto (Stängel-Brokkoli) ist vor allem in Italien beliebt. Anders als der Brokkoli bildet er keinen Kopf, sondern einzelne Blütenknospen aus, die nach und nach reifen. Im Sommer neigt er dazu, zu schossen, aber der Herbstanbau gelingt super. Du säst ihn im August aus und kannst die saftigen grünen Stängel schon ab Oktober ernten. Dazu schneidest du sie etwa 2–5 cm unter den Blüten ab, bevor diese sich öffnen, brätst sie in etwas Olivenöl mit Knoblauch scharf an und genießt sie mit Pasta. Sie schmecken richtig schön kohl-aromatisch. Aussaattiefe ist 2 cm, der Abstand zwischen den Pflanzen beträgt 10–20 cm. Die Samen reifen im Juli. Bei mir in Mitteldeutschland gelingt übrigens auch die Aussaat im November, im unbeheizten Gewächshaus kommen die Pflanzen ausgezeichnet durch den Winter und können ab April geerntet werden.

Auch Broccoletto-Kohlgemüse ist schnellwüchsig.

KARTOFFEL

Aus den Kartoffelknospen, auch Augen genannt, können neue Knollen werden.

Kartoffeln kannst du auch im Topf oder Pflanzsack anbauen.

Solanum tuberosum

Der Anbau von Kartoffeln im Garten und sogar auf dem Balkon wird immer beliebter. Klar, mit etwas Glück lässt sich auch auf kleinem Raum eine reiche Ernte einfahren, außerdem ist die Kulturdauer relativ kurz (drei bis fünf Monate). Und die Pflanzen verbessern den Boden für nachkommendes Gemüse. Es gibt unglaublich viele Sorten, rot-, blau- oder gelbschalig, fest- oder mehligkochend, Frühkartoffeln und Lagerkartoffeln, viele Regionalsorten.

Die Knollen werden vegetativ vermehrt. Du kannst aus einer einzigen schönen Mutterkartoffel viele genetisch identische Tochterknollen ziehen, normalerweise startet man aber mit etwa 20 Stück – das hängt vom verfügbaren Platz ab. Sie brauchen guten, nährstoffreichen und durchlässigen Gartenboden, der nicht frisch gedüngt sein darf, und sonnige oder halbschattige, möglichst luftige Standorte. Je magerer der Boden, desto bescheidener fallen die Erträge aus.

Du kannst die Kartoffel entweder im Ganzen in die Erde legen oder in Stücke von 4–5 cm schneiden, die jeweils zwei Augen (Knospen) haben sollten. Die Teilung sollte etwa zwei Wochen vor dem Setzen geschehen, damit die Schnittstellen noch heilen (trocknen) können. Beim sogenannten Äugeln werden aus einer Kartoffel bis zu acht Teile mit jeweils einem Auge geschnitzt, die nach dem Trocknen zum Bewurzeln in Töpfe gesetzt und später ausgepflanzt werden. Das kann sinnvoll sein, wenn du nur wenig Ausgangsmaterial hast, vielleicht tatsächlich nur eine einzige Knolle deiner Lieblingssorte.

Ausgepflanzt wird je nach Region von Ende April bis Ende Mai. Je früher, desto besser, denn dann bestehen gute Chancen, dass die Kartoffeln im Sommer der verbreiteten Krautfäule entkommen, die die Erträge ordentlich schrumpfen lässt. Einen großen Wachstumsvorsprung haben sie auch, wenn sie beim Auspflanzen bereits 1 cm lange Keime haben, die aus jedem Auge wachsen. Haben sie diese Keime im April nicht schon von selbst bekommen, leg sie bei Temperaturen um die 15 °C in flache Kisten und stell diese ins Licht, jedoch nicht in die pralle Sonne.

Die Knollen werden in Reihen mit Abständen von 30–35 cm gesetzt, zwischen den Reihen lässt du 50–70 cm Platz. Entweder du baust Kartoffeldämme, indem du Erde mit einer Hacke 2 cm hoch anhäufelst und die Kartoffeln mindestens 10 cm tief darin versenkst. Oder du steckst sie in Furchen, die du dann bedeckst, wenn die Pflanzen 20 cm hoch stehen.

Schauen sie wieder 20 cm aus der Erde, häufelst du erneut an (insgesamt zweimal, im Abstand von drei

bis vier Wochen). Die Sprossen produzieren unter der Erde weiter Wurzeln und bilden Tochterknollen aus, so steigerst du den Ertrag.

Im Hochbeet funktioniert das auch prächtig. Kartoffeltürme, durchlöcherte Pflanzsäcke oder Kübel müssen mindestens 50 cm hoch sein. Befülle sie mit 20 cm Erde und verteile die Knollen kreisrund am Rand. Darauf kommen wieder 10 cm Erde. Sind die Pflanzen 10 cm hoch gewachsen, gib wieder 10 cm Erde darauf, bei weiteren 10 cm Wuchshöhe erneut.

Achte darauf, dass der Boden nicht austrocknet, wenn die Kartoffeln im Kraut stehen, sie bilden sonst zu schnell Knollen aus und wachsen nicht weiter. Normalerweise beginnt die Knollenbildung erst, wenn die Pflanzen verblühen. Und dann brauchen sie eventuell Wassergaben.

Der Erntezeitpunkt liegt bei den meisten Sorten zwischen August und Oktober, bei Frühkartoffeln natürlich früher. Willst du die Kartoffeln lagern, dann ernte sie erst zwei Wochen, nachdem das Kraut vertrocknet ist. So kann die Schale noch aushärten. Und ernte bei trockenem Wetter, dann sind sie sauberer.

Nach der Ernte können die Kartoffeln erst mal zwei Monate lang nicht keimen, später, bei über 4 °C aber sehr wohl. Die optimale Lagertemperatur beträgt daher 3–4 °C. Dunkel und luftig sollte es ebenfalls sein.

Die generative Vermehrung von Kartoffeln ist ebenfalls möglich und wird bei der Sortenzüchtung eingesetzt. Kartoffeln sind Selbstbestäuber; in den grünen Beeren, die an Kartoffelpflanzen wachsen, sitzen Samen, die im zeitigen Frühjahr im Haus ausgesät und dann sehr tief in Töpfe pikiert werden. Nach den letzten Frösten kommen sie ca. 20 cm tief ins Beet. Im ersten Jahr wachsen sie dann zu 2 cm großen Kartöffelchen heran, die im Folgejahr als Saatkartoffeln ausgebracht ihre eigentliche Größe erlangen. Da geht die vegetative Vermehrung doch wesentlich schneller!

Vermehrung: vegetativ über Sprossknollen oder Knollenteilung

Standort: sonnig oder halbschattig

Boden: nährstoffreich, durchlässig, nicht frisch gedüngt

Abstand: in der Reihe 30–35 cm, zwischen den Reihen 50–70 cm

Ausbringen: Ende April–Ende Mai

Ernte: sortenabhängig zwischen August und Oktober

Minimalbestand: 1 Pflanze

KARTOFFEL

Die Kartoffel stammt aus Südamerika, nach Europa kam sie – wen wundert's? – ursprünglich wegen ihrer schönen Blüte.

Achte darauf, Kartoffeln nicht neben Tomaten zu setzen, weil beide die Kraut- und Braunfäule bekommen können und sich dann gegenseitig anstecken. Du erkennst sie an graubraunen Flecken auf den Oberseiten der Blätter und einem grauweißen Schimmelbelag auf deren Unterseiten. Ist es feuchtwarm, breitet sich der Pilz geschwind aus, die Pflanzen verwelken und die Kartoffeln verfaulen. Befallene Blätter musst du möglichst rasch entfernen und verbrennen (oder im Restmüll entsorgen), befallene Knollen ebenso. Wirf sie keinesfalls auf den Kompost, sonst verbreiten sich die Sporen mit der Komposterde über deinen ganzen Garten! Die Kartoffeln (auch die Tomaten) kannst du dann zwar noch essen, aber nicht zur Weitervermehrung verwenden. In manchen Jahren machen sich gefräßige Kartoffelkäfer und ihre Larven über die Pflanzen her. Dann heißt es, so viele wie möglich davon abzulesen. Ich kenne sie von Oma Emmas Kartoffelacker – sie reduzierten die Ernte wesentlich. Damals habe ich die Pflanzen zusätzlich mit einer Neemöl-Lösung besprüht, das hat die Fraßschäden deutlich verringert. Die Kartoffeln waren kleiner als erhofft, aber wenigstens war nicht die gesamte Ernte vernichtet. Neemöl (auch Niemöl geschrieben) wird aus den Samen des indischen Neembaumes gewonnen, es hilft gegen Pilze und Fraßfeinde, ohne Letztere zu vernichten. Du kannst es bei verschiedenen Anbietern kaufen. Um es wasserlöslich zu machen, brauchst du Rizinusöl als Emulgator. Oder du besorgst dir gleich eine Fertigmischung.

Auf Oma Emmas Kartoffelacker half die ganze Familie dabei, die gefräßigen Kartoffelkäfer abzulesen.

HIMBEERE, BROMBEERE, JOHANNISBEERE UND STACHELBEERE

Leckere Naschfrüchte: Himbeeren

Brombeeren: perfekt für Gelee und Marmelade

Weiße Johannisbeere: eine Farbvariante der roten Beere

Rubus idaeus, Rubus sect. Rubus, Ribes rubrum, Ribes nigrum, Ribes uva-crispa

Köstliche Beeren von Sträuchern und Ranken, die im Sommer frisch vernascht und für den Winter als Saft, Marmelade, Gelee oder Sirup eingekocht werden, sollten in jedem Garten ein Plätzchen finden. Sie werden vegetativ vermehrt und gedeihen am besten in nährstoffreichem Boden, der ordentlich gemulcht wird, damit er nicht austrocknet. Rote und Weiße Johannisbeeren sowie Brombeeren brauchen viel Sonne, Schwarze Johannisbeeren, Stachelbeeren und Himbeeren vertragen auch halbschattige Standorte. Gute Erträge bringen sie auf Dauer nur, wenn sie regelmäßig zurückgeschnitten werden. Wie das geht, erfährst du hier.

HIMBEERE

Himbeeren breiten sich über flache Ausläufer (Rhizome) von alleine aus und wandern, wenn du nicht eingreifst, durch den Garten. Im Sommer treiben immer neue Ruten aus, die je nach Sorte bis zu 2 m lang werden können und meist bogig überhängen. An ihnen wachsen im Folgejahr die wohlschmeckenden Früchte, danach vertrocknen die Ruten und sterben ab. Schneide sie dann dicht über dem Boden ab und leg sie auf den Totholzhaufen, etwa fünf bis sieben starke Neutriebe solltest du dabei aber an jeder Pflanze belassen. Damit sie unter der Last der Früchte nicht auf dem Boden aufliegen, bindest du sie am besten an. Oma Emma hat sie praktischerweise am Zaun entlanggeführt, wie eine Hecke.

BROMBEERE

Brombeeren brauchen etwas mehr Pflege, damit sie sich nicht zu einem undurchdringbaren Dickicht auswachsen, das schwer zu beernten ist und weniger Früchte ausbildet. Es gibt aufrecht wachsende und rankende Sorten, Sorten mit und ohne Dornen. Die Ruten wachsen aus dem Stock oder aus den Rhizomen und können je nach Sorte gute 4 m lang werden. Dort wachsen im Folgejahr Seitentriebe, die Früchte ausbilden; nach der Ernte vertrocknen sie und sterben ab. Schneide diese alten Ruten vor dem Austrieb im Frühjahr in Bodennähe ab und lass fünf bis sechs kräftige Neutriebe vom Vorjahr an jeder Pflanze. Von den bereits erwähnten Seitentrieben, die im Sommer aus ihren Blattachseln wachsen, solltest du nur jeweils zwei bis drei Stück belassen und die anderen laufend ausbrechen, um den Überblick behalten zu können. Die jungen Ruten sollten außerdem hochgebunden werden. Brombeeren brauchen stabile Rankgerüste, die im Idealfall auch von beiden Seiten zugänglich sind.

ROTE UND WEISSE JOHANNISBEERE

Die Beeren der Roten und Weißen Johannisbeere (Letztere ist eine Farbvariante der Roten) wachsen an zwei- bis dreijährigen Ästen. Alle Äste, die älter sind (du erkennst sie an der dunklen Farbe des Holzes), haben zwar noch Blätter, tragen aber keine Früchte mehr. Jedes Jahr wachsen Jungtriebe nach, meist mehr, als den Sträuchern gut tun, am prächtigsten gedeihen sie nämlich mit etwa zehn kräftigen Trieben. Deshalb schneidet man nach der Ernte oder im Herbst die dunklen, alten Äste und überflüssige Jungtriebe ab. Die Jungtriebe musst du nicht in die Totholzhecke werfen, du kannst sie gleich zur Vermehrung der Sträucher nehmen.

HIMBEERE

Vermehrung: Himbeeren lassen sich wunderbar einfach vermehren! Du gräbst im Herbst oder im zeitigen Frühjahr ein paar Wurzelausläufer aus (einfach die Wurzel mit einem Spatenstich von der Mutterpflanze trennen) und pflanzt sie dort wieder ein, wo du sie haben willst Am besten nimmst du dafür Rhizomstücke mit Neutrieben, dann kannst du schneller ernten. Das funktioniert aber auch mit Rhizomstücken ohne Trieb und mit Absenkern (S.76).

BROMBEERE

Vermehrung: Die aufrecht wachsenden Sorten kannst du wie Himbeeren durch Rhizomteilung vermehren. Rankende Sorten bilden selten Ausläufer, sie lassen sich aber ausgezeichnet über Absenker vermehren. Dafür biegst du einen Jungtrieb im August oder September zu Boden, bedeckst ihn mit etwas Erde und beschwerst ihn dann mit einem backsteingroßen Stein. Dort bewurzelt er sich selber (gießen nicht vergessen) und kann, wenn er im Frühjahr austreibt, von der Mutterpflanze abgeschnitten und gegebenenfalls umgepflanzt werden.

ROTE UND WEISSE JOHANNISBEERE

Vermehrung: über Stecklinge von August bis Oktober. Dazu schneidest du 15–20 cm lange Stücke von gut entwickelten (bleistiftstarken) einjährigen Trieben unterhalb eines Auges schräg ab und steckst sie in die Erde, dort bewurzeln sie sich selber (gießen nicht vergessen). Vermehrung über Absenker, Ableger und durch Anhäufeln ist ebenfalls möglich.

HIMBEERE, BROMBEERE, JOHANNISBEERE UND STACHELBEERE

Schwarze Johannisbeeren hat Oma Emma in Zucker und Schnaps eingelegt – einer der weltbesten Liköre!

SCHWARZE JOHANNISBEERE

Die Schwarzen Johannisbeeren wachsen hauptsächlich an den einjährigen Ästen. Die Sträucher bilden jedes Jahr neue Triebe aus und wachsen am besten mit acht kräftigen Trieben. Deshalb schneidet man nach der Beerenernte im Herbst oder zeitigen Frühjahr zwei bis drei der ältesten Äste in Bodennähe ab und lässt dafür zwei bis drei starke Neutriebe stehen. Die überflüssigen Jungtriebe kannst du auch hier zur Vermehrung der Sträucher nehmen.

STACHELBEERE

Auch Stachelbeeren müssen regelmäßig geschnitten werden, um gute Erträge zu bringen. Die Früchte wachsen am ein- bis dreijährigen Holz. Ältere Äste tragen kaum noch Beeren, die schneidest du am besten nach der Ernte oder im Herbst dicht am Boden ab, etwa zehn einjährige Triebe kannst du stehen lassen.

SCHWARZE JOHANNISBEERE

Vermehrung: wie bei der Roten Johannisbeere, siehe oben, bei der Schwarzen geht es aber auch im zeitigen Frühjahr.

STACHELBEERE

Vermehrung: Stachelbeeren lassen sich am besten über Absenker vermehren. Biege dazu einen belaubten Zweig, der sich im äußeren Bereich des Strauchs befindet, zu Boden, bedecke ihn mit etwas Erde und beschwere ihn dann mit einem Backstein (oder einem ähnlich großen Stein). Dort bewurzelt er sich selber (gießen nicht vergessen) und kann, wenn er im Frühjahr austreibt, von der Mutterpflanze abgeschnitten und gegebenenfalls umgepflanzt werden. Stecklingsvermehrung gelingt bei Stachelbeeren weniger gut.

Hast du schon mal von der **Jostabeere** (oder Jochelbeere) gehört? Das ist eine Kreuzung aus Schwarzer Johannisbeere und Stachelbeere (*Ribes × nidigrolaria*). Sie ist stachellos, unglaublich starkwüchsig und besitzt große, aromatische, schwarze Beeren, aus denen sich Saft, Marmelade und Gelee herstellen lassen. Die Sträucher entwickeln sich zu stattlichen Exemplaren von 2 m Höhe und Breite. Unser Strauch stand schon im Garten, bevor wir ihn übernommen haben, also vor über 25 Jahren. Wir haben ihn mehrmals verpflanzt und er ist unverwüstlich. Wenn Besucher*innen das erste Mal zu uns kommen, bleiben sie mit großer Wahrscheinlichkeit staunend davor stehen. Und wenn sie den Garten schon kennen, laufen sie schnurstracks hin und snacken ein paar Beeren. Diese reifen nach und nach und können über mehrere Wochen hinweg geerntet werden. Viel Pflege brauchen die Jostas nicht, aber volle Sonne und viel Platz. Die Beeren wachsen am mehrjährigen Holz, nur sehr alte, knochige, graue Äste schneide ich alle paar Jahre im zeitigen Frühjahr vor dem Austrieb zurück.

Vermehrung: Das funktioniert ganz einfach über Stecklinge. Jostabeeren-Nachwuchs habe ich schon vielfach verschenkt. Ich schneide 20–50 cm lange einjährige Triebe aus dem Strauch, entferne die unteren Blätter und stecke sie in Töpfe mit Erde. Schön feucht gehalten und halbschattig aufgestellt, bilden sie immer Wurzeln aus. Anfangs habe ich die Stecklinge für ein paar Wochen in Wassereimer gestellt und nach dem Wurzelaustrieb gepflanzt, das ist aber gar nicht nötig. Absenker funktionieren übrigens ebenfalls wunderbar, die produziert der Strauch auch alleine, wenn einzelne überhängende Triebe auf der Erde aufliegen Mehr dazu erfährst du auf Seite 76 im Abschnitt über die vegetative Vermehrung.

GARTEN-ERDBEERE, WALD-ERDBEERE

Im Idealfall liegen die Erdbeeren sauber und trocken auf Stroh gebettet.

Ein paar Wald-Erdbeeren zwischendurch gehen einfach immer.

Samen der Wald-Erdbeere gewinnst du am besten durch Nassreinigung (ohne Gärung).

Fragaria × ananassa, Fragaria vesca

Erdbeeren muss ich dir nicht erst schmackhaft machen, oder? Es gibt zig verschiedene Sorten, alte und neue Züchtungen, die nicht schwierig zu kultivieren und zu vermehren sind. Sie bilden lange oberirdische Ausläufer, an denen sich in Reih und Glied neue kleine Pflänzchen entwickeln, die Wurzeln bilden.

Diese Tochterpflanzen (Garten- und Wald-Erdbeere) kannst du, wenn sie schon schöne Wurzeln haben und in der Erde festsitzen, im Sommer einfach mit einer Schere oder einem Messerchen von der Mutterpflanze und ihren Geschwistern trennen, behutsam ausgraben und in Töpfe setzen (nicht zu tief, es dürfen wirklich nur die kleinen Wurzeln in der Erde verschwinden). Du kannst sie auch an den „Nabelschnüren" belassen und in Töpfe setzen, die du um die Mutterpflanze herum ebenerdig eingräbst, dann werden sie noch eine Weile zusätzlich von der „Mutter" versorgt. Wie auch immer, die Töpfe sollten halbschattig stehen und schön feucht gehalten werden. Im September pflanzt du die Ausläufer in 30 cm Abstand zueinander an ihren Bestimmungsort. Kultursorten mögen humushaltigen Boden und sonnige Plätzchen, den Wald-Erdbeeren gefällt es im Halbschatten (z. B. unter lichten Gehölzen) besser.

Während der Reifezeit ist es praktisch, Stroh um die Pflanzen zu legen. So liegen sie sauber und trocken, schimmeln nicht und können frisch gepflückt sofort im Mund verschwinden. Schau nach Pflanzen, die besonders viele Früchte entwickeln, und markiere sie für die spätere Vermehrung. Wenn du den Pflanzen nach der Ernte noch einmal Kompost gibst, werden sie im kommenden Jahr reicher tragen. Nach zwei bis drei Jahren musst du die Kultur-Erdbeerpflanzen ersetzen, denn dann tragen besonders die großfruchtigen Sorten nicht mehr gut oder kleinere Früchte. Leg dazu an anderer Stelle ein neues Beet an und verwende die jungen Stecklingspflanzen. Setzt du als Mischkultur Knoblauch zu ihnen, beugt das Pilzkrankheiten vor.

Von der einheimischen Wald-Erdbeere, deren kleine Früchte deutlich aromatischer als die der meisten handelsüblichen schmecken und die du über Monate hinweg beernten kannst, kannst du auch Samen nehmen (das funktioniert bei den Kultursorten nicht). Dazu pflückst du entweder die Früchte, die bereits vertrocknet an den Stängeln hängen (die kleinen schwarzen Samen lassen sich gut abrebeln), oder du opferst eine Handvoll voll ausgereifter Früchte und reinigst sie nass: Zerdrück sie in einem Gläschen, fülle es mit Wasser auf, lass alles einen Tag stehen (ohne Gärung), und schüttle dann das Gläschen kräftig. Die Samen sinken zu Boden und die Flüssigkeit kann vorsichtig abgegossen werden. Noch mal Wasser zugeben und abgießen, bis sich wirklich kein Fruchtfleisch mehr an den Samen befindet. (Sieben funktioniert hier nicht, die Körnchen sind so klein, dass sie durch die Maschen rutschen.) Danach lässt du sie auf Butterbrotpapier trocknen. Beachte, wenn du sie aussäst, dass es sich um Kühlkeimer handelt: Sie keimen innerhalb von ein bis zwei Monaten bei Temperaturen zwischen 5 und 10 °C (März bis April), bei höheren Temperaturen nicht.

Zarte Erdbeerblätter schmecken ein wenig säuerlich, du kannst sie von März bis April fein geschnitten Salaten beigeben. Du kannst sie aber auch trocknen und fermentieren, dann schmecken sie aufgebrüht ähnlich wie Schwarztee und enthalten außerdem viele gesunde Gerbstoffe. Die Basis meiner Haustees sind immer junge Blätter von Schwarzen Johannisbeeren, Himbeeren, Brombeeren und Wald-Erdbeeren.

Vermehrung durch Ausläufer (alle Erdbeeren) im Sommer oder Samen (nur Wald-Erdbeeren)

Standort: vollsonnig

Boden: nährstoffreich, durchlässig

Lebensdauer: mehrjährig (nach 2–3 Jahren für anhaltend guten Ertrag ersetzen!)

Höhe: 15–30 cm (sortenabhängig)

Abstand: 20–30 cm (Wald-Erdbeere 20 cm)

Auspflanzen: August–September (Monats- und Kletter-Erdbeeren im Frühjahr)

Vermehrung: durch Samen (nur Wald-Erdbeeren)

Aussaat: März–April in Töpfchen im Freien (Kühlkeimer)

Saattiefe: 0,2 cm

Keimdauer: 2–8 Wochen bei 5–10 °C

Verkreuzungsmöglichkeiten: keine

Blüte: weiß, März–Juni, ab dem 2. oder 3. Jahr; zwittrig, Selbstbefruchtung und Fremdbefruchtung durch Wind und Insekten

Saatguternte (nur Wald-Erdbeere): reife Samen von an den Pflanzen vertrockneten Früchten rebeln oder reife Früchte ernten und nass reinigen (nicht gären lassen), dann schnell trocknen

Keimfähigkeit der Samen: 2–3 Jahre

Minimalbestand: 1 Pflanze (Kultursorten), 3 Pflanzen (Wald-Erdbeere, wegen der genetischen Vielfalt)

PHYSALIS BZW. ANDENBEERE, ANANASKIRSCHE, ERDKIRSCHE UND TOMATILLO

Jungpflänzchen der Andenbeere

Früchte und Lampions der Ananaskirsche

Eine hübsche violette Sorte von Tomatillo-Früchten

Physalis peruviana, *Physalis pruinosa*, *Physalis angulata* und *Physalis ixocarpa*

Die Andenbeere, auch Kapstachelbeere oder einfach Physalis genannt, kennst du sicher. Sie lässt sich hervorragend aus Samen ziehen und im Haus überwintern. Ihre einjährigen Verwandten, die ebenfalls aus Mittel- und Südamerika stammen, sind bei uns noch nicht so bekannt, schmecken aber ebenfalls sehr gut. Die kirschgroßen Früchte sitzen in lampionartigen Hüllen. Sie sind reif, wenn diese Hülle sich braun verfärbt und die Früchte beinahe abfallen. Während die Andenbeeren süßsäuerlich, etwas nach Kiwi oder Stachelbeere schmecken, erinnern die Ananaskirschen an Ananas und die Erdkirschen an eine Mischung aus Ananas und Papaya. Klingt nach einem Muss für den Naschgarten, oder?

Die Tomatillos sind wesentlich größer und die Basis der mexikanischen Salsa Verde, für die sie zusammen mit Chili und Koriandergrün verarbeitet werden. Sie ähneln grünen Tomaten, können roh, gekocht oder gegrillt verzehrt werden. Der Geschmack ist außergewöhnlich würzig, normalerweise werden nicht ganz ausgereifte Früchte verwendet, vollreif schmecken sie wie herbsüße Beeren. Es gibt auch Tomatillo-Sorten mit violetten Früchten.

All diese Beeren sind ziemlich einfach anzubauen und auch resistent gegen Krankheiten. Nur ein paar Stäbe brauchen sie als Stütze, Seitentriebe werden nicht ausgebrochen. Die Tomatillos verzweigen sich stark und bekommen so viele schwere Früchte, dass sie wie Tomaten angebunden werden müssen. Die Andenbeeren sind mehrjährig, aber nicht winterfest, deshalb schneidest du sie am besten im Herbst stark zurück und überwinterst sie in Töpfen oder Kübeln im Haus. Dann ist es natürlich besser, sie gleich in Töpfen zu kultivieren. Ist dir das zu aufwendig, kannst du auch einfach Samen nehmen und sie im kommenden Frühjahr wieder aussäen.

Drohen die ersten Fröste und es hängen aber noch viele unreife Früchte an den Pflanzen, können die ganzen Pflanzen (alle vier Arten) abgeschnitten und zum Nachreifen im Haus aufgehängt werden. Für die Samengewinnung zerschneidest du die reifen Früchte, zerquetschst sie möglichst gründlich, gießt sie in einem Gefäß mit Wasser auf und lässt sie einen Tag stehen. Dann rührst du um, die Samen sammeln sich am Boden. Gieß den Fruchtbrei vorsichtig ab, fülle wieder mit Wasser auf, gieß ab und wiederhole das drei- bis fünfmal. Dann reinigst du die Samen unter fließendem Wasser in einem Sieb und lässt sie auf Butterbrotpapier trocknen.

Übrigens: Unsere einheimische Rote Lampionblume *(Physalis alkekengi)* mit ihren leuchtend orangefarbenen Fruchthüllen ist nicht zum Verzehr geeignet, die Beeren schmecken extrem bitter. Sie wird als Zierpflanze gezogen und in Trockensträußen verwendet, da die Lampions ihre Farbe sehr lange behalten. Willst du sie vermehren, dann besorg dir einen der zahllosen Rhizomausläufer, die sie bildet. Die Samenvermehrung funktioniert bei Aussaat im zeitigen Frühjahr (Kühlkeimer) ebenfalls hervorragend.

Standort: sonnig, halbschattig

Boden: nährstoffreich

Lebensdauer: einjährig (Ananaskirsche, Erdkirsche, Tomatillo), mehrjährig (Andenbeere)

Höhe: 40–70 cm (Ananaskirsche, Erdkirsche), 150 cm (Andenbeere), 150 cm (Tomatillo)

Abstand: 50 cm (maximal 4 Pflanzen/m²)

Vorkultur: ab Ende Februar im Haus, Tomatillos ab April

Saattiefe: 0,5 cm

Keimdauer: 2–3 Wochen bei 15–20 °C

Auspflanzung ins Freiland: Mitte Mai nach den letzten Frösten

Vermehrung: Samen

Verkreuzungsmöglichkeiten: die einzelnen Arten verkreuzen sich nicht, verschiedene Tomatillo-Sorten können sich verkreuzen

Blüte: gelblich von Juni-August, im selben Jahr (Andenbeere bei Überwinterung auch in den Folgejahren); zwittrig, Selbstbefruchtung, Fremdbefruchtung durch Insekten ist möglich (Andenbeere, Ananaskirsche, Erdkirsche); strenge Fremdbefruchtung, selbstunfruchtbar (Tomatillo: hier müssen also mindestens zwei Pflanzen nebeneinander stehen)

Saatguternte: reife Früchte ab Juli (Ananaskirsche, Erdkirsche) bzw. August (Andenbeere, Tomatillo), Nassreinigung ohne Gärung

Keimfähigkeit der Samen: 2–3 Jahre

Minimalbestand: jeweils 4 Pflanzen

Aber Achtung:
Die Physalis-Arten sind Nachtschattengewächse, außer den reifen Früchten sind alle Bestandteile giftig (Solanin). Für die Salsa Verde müssen unreife Tomatillo-Früchte gekocht werden.

KRÄUTER UND ESSBARE BLÜTEN

BASILIKUM

Basilikum-Blüten

Genoveser Basilikum

Rotes Basilikum

Ocimum basilicum

Es ist ein Muss in jedem Kräuter- und Duftgarten, aber das bekannte mediterrane Gewürzkraut eignet sich auch ausgezeichnet als Topfpflanze. Kulinarisch sind die Kombination Tomate/Mozzarella/Basilikum und das Basilikum-Pesto auch außerhalb Italiens nicht mehr wegzudenken.

Die bekannteste Sorte ist wohl das **Genoveser Basilikum**. Aber da gibt es noch viele andere, die es sich lohnt, anzubauen: Das **Salatblättrige Basilikum** mit besonders großen, hellgrünen, zarten Blättern oder das **Rote Basilikum**, das optisch besonders gut zu gelben und grünen Tomatensorten passt. Das **Zitronen-Basilikum** hat hellgrüne, zarte Blätter mit einem leckeren Zitronenaroma, es eignet sich nicht nur zum Frischverzehr, sondern auch als Tee. Das buschig wachsende **Zimt-Basilikum** schmeckt mit seinem würzig-süßlichen Aroma ganz vorzüglich zu Tomaten- und Obstsalaten. Oder wie wäre es mit dem **Basilikum ‚Blue Spice'**, einer robusten und milden Basilikumsorte mit bläulichen Blättern und einem zarten Vanille-Aroma?

Basilikum wird bei uns einjährig kultiviert und über Samen vermehrt. Um zu keimen, braucht die Pflanze mindestens 20 °C. Damit du die leckeren Blättchen den ganzen Sommer über ernten kannst, ziehst du sie am besten schon ab Februar auf der Fensterbank vor. Nach etwa drei bis vier Wochen kannst du sie büschelweise in größere Töpfe pikieren; setze sie dabei etwas tiefer, als sie vorher standen. Willst du Saatgut gewinnen, setze nur zwei Pflänzchen in jeden Topf, damit sie genug Platz haben, sich zu verzweigen und viele Blüten anzusetzen.

Geht es dir um das Blattgrün, dann ernte nicht einzelne Blätter, sondern ganze Triebspitzen. Die Pflanzen treiben anschließend wieder aus. Auch die Blütenstiele musst du regelmäßig entfernen, damit sich mehr Blätter bilden. Für die Samenernte brauchst du selbstverständlich die Blüten. Die Samen reifen ab August in den trockenen Blütenkelchen aus. Schneide

die ganzen Samenstände mit Stielen ab und lass sie etwas nachreifen und -trocknen, dann kannst du die Samen ausrebeln und sieben.

Während der Blüte sind die Basilikumpflanzen eine tolle Bienenweide. Aber wenn du sortenreines Saatgut gewinnen möchtest, empfehle ich dir, nur eine Sorte blühen zu lassen – die Sorten können sich als Fremdbefruchter alle untereinander verkreuzen!

Tipp: Basilikum liebt Wärme und Sonne, reagiert aber extrem empfindlich, wenn es in der Mittagssonne gegossen wird. Vergiss nicht, wenn du an den Pflanzen vorbeikommst, mit der Hand ein wenig durchzuwuscheln. Das riecht nicht nur toll, das stärkt sie auch und sie bekommen dadurch kräftigere (umfallsichere) Stängel.

Standort: sonnig, warm

Boden: nährstoffreich

Lebensdauer: einjährig

Höhe: je nach Sorte zwischen 20–70 cm

Abstand: 20 cm (15 Pflanzen/m^2)

Vorkultur: ab Februar im Haus, Auspflanzen ab Ende Mai

Aussaat: im Freien von Mai–Juni in Töpfchen

Saattiefe: 0 cm (Lichtkeimer)

Keimdauer: 1–2 Wochen bei 20–25 °C

Vermehrung: Samen

Verkreuzungsmöglichkeiten: alle Basilikumsorten können sich miteinander verkreuzen

Blüte: je nach Sorte weiß, violett oder helllila, Juni–September, im selben Jahr; zwittrig, Fremdbefruchtung durch Insekten

Saatguternte: reife Samen ab August, Samenstände abschneiden, wenn die ersten Samen ausfallen, nachtrocknen lassen, sieben

Keimfähigkeit der Samen: 5 Jahre

Minimalbestand: 5 Pflanzen

BLATT-PETERSILIE

Krause Petersilie

Petersilien-Samen

Glatte Petersilie

144

Petroselinum crispum

Petersilie findet wohl auch in dem kleinsten Nutzgarten Platz. Das Kraut schmeckt gut und ist gesund, wird frisch verwendet, in der Regel klein gehackt, und passt zu den meisten herzhaften Speisen. Man unterscheidet kraus- oder glattblättrige Sorten. Die Glatte Petersilie ist geschmacklich intensiver und aromatischer als die Krause Petersilie, die wiederum robuster in den Beeten steht. Man erntet laufend die äußeren Blätter mit Stielen, ohne das Herz in der Pflanzenmitte zu verletzen, so treiben immer wieder neue Blätter aus.

Kultur und Vermehrung sind nicht schwer, du musst nur etwas Geduld haben, denn die Samen keimen ungewöhnlich langsam. Mindestens drei bis vier Wochen brauchen sie, bis die ersten Keimblättchen zu sehen sind, manchmal auch wesentlich länger. Du kannst aber versuchen, diese Zeit zu verkürzen, indem du die Samen mit einem Kälteschock überraschst (ein paar Tage im Tiefkühler) und vor der Aussaat über Nacht in Wasser quellen lässt. Bei der Standortwahl musst du beachten, dass Petersilie selbstunverträglich ist, bau sie also jedes Jahr an einer anderen Stelle an!

Glatte Petersilie ist zweijährig, sie wird ab März ins Freiland gesät und bildet im zweiten Jahr dann schöne, weißblühende Dolden aus, in denen Samen heranreifen. Die Bestäubung übernehmen Insekten. Die Sorten kreuzen sich alle miteinander, d. h., du kannst in deinem Garten immer nur eine Sorte vermehren, auch Wurzelpetersilie (eine Unterart der Petersilie, die pastinakenähnliche Wurzeln ausbildet) kann sich einkreuzen. Die Samen sind reif, wenn sie auszufallen beginnen. Am besten schneidest du die ganzen gelb-braun verfärbten Samenstände ab und lässt sie nachtrocknen. Das Saatgut fällt dann meist schon von alleine aus und muss nur noch gereinigt (gesiebt) werden.

Standort: offen, sonnig, halbschattig

Boden: nährstoffreich

Lebensdauer: zweijährig

Höhe: 40 cm (Blütendolden und Samenstände bis 80 cm)

Abstand: 30 cm (10 Pflanzen/m²)

Aussaat: März–Juli ins Freiland

Saattiefe: 1 cm

Keimdauer: 3–6 Wochen bei 15-20 °C

Vermehrung: Samen

Verkreuzungsmöglichkeiten: alle Petersiliensorten (inklusive Wurzelpetersilie) können sich miteinander verkreuzen

Blüte: weiß, August-September im 2. Jahr; zwittrig, Fremdbefruchtung durch Insekten, selten Selbstbefruchtung

Saatguternte: reife Samen ab August, Samenstände abnehmen, wenn die ersten Samen ausfallen, nachtrocknen lassen, sieben

Keimfähigkeit der Samen: 3 Jahre

Minimalbestand: 10 Pflanzen

SCHNITTLAUCH

Schnittlauch in der Blüte

So sehen die Samen aus.

Und hier schauen schon Schnittlauch-Keimlinge aus der Erde.

Allium schoenoprasum

Schnittlauchblätter und -blüten würzen Salate, Suppen, Eier-, Quark- und Kartoffelgerichte, sie schmecken wunderbar auf Butterbroten oder in Kräuterbutter. Auch die Zwiebelchen sind natürlich essbar, sie sind am geschmackintensivsten, und die reifen Samen können getrocknet als pfeffriges Gewürz verwendet werden. Schnittlauch kannst du ganz einfach über Samen vermehren. Es gibt feinröhrige und grobröhrige Sorten. Hast du es auf die Samen abgesehen, solltest du nur eine Sorte blühen lassen, als strenge Fremdbefruchter verkreuzen sie sich sonst sicher. Es geht aber auch vegetativ: Um Schnittlauch zu verjüngen (siehe Fotos), gräbst du den alten Ballen mit einer Mistgabel aus (1 und 2), rebelst die fest miteinander verankerten Zwiebelchen so lange zwischen beiden Händen, bis sie sich voneinander lösen (3) und setzt sie ausgedünnt an einer anderen Stelle wieder ein (4 und 5) – fertig ist die neue Schnittlauchreihe. Und dann heißt es: ernten! Denn je häufiger Schnittlauch geschnitten wird, umso kräftiger wird der Ballen.

Achte darauf, dass du ihn nicht an eine Stelle setzt, an der vorher eine andere Lauch-Art stand, und setze ihn nicht wieder am selben Ort ein. Die Anbaupause sollte mindestens vier Jahre dauern.

Übrigens: Schnittlauchblüten sind eine tolle Bienenweide und Nektarpflanze für einheimische Schmetterlinge. Neuere Züchtungen bringen keine Blüten, greif daher unbedingt auf alte Sorten zurück.

Standort: sonnig, halbschattig

Boden: nährstoffreich, feucht (steht der Schnittlauch im Sommer zu trocken, stirbt er ab!)

Lebensdauer: mehrjährig

Höhe: 40 cm

Aussaat: März–Juni in Reihen im Freiland oder in Töpfchen im Freien, dicht säen

Saattiefe: 2 cm

Keimdauer: 2–4 Wochen bei 10–15 °C

Vermehrung: Samen, Teilung des Ballens im (Frühjahr oder nach Rückschnitt im Sommer, alle 2–3 Jahre)

Verkreuzungsmöglichkeiten: alle Sorten von Schnittlauch verkreuzen sich!

Blüte: rosa oder lila, Mai–August, ab dem 2. Jahr; zwittrig, strenge Fremdbefruchtung durch Insekten (Selbstbefruchtung unmöglich)

Saatguternte: reife Samen im Juli, August (trockene, raschelnde Samenstände abknipsen, nachtrocknen, sieben)

Keimfähigkeit der Samen: 1–2 Jahre (im 2. Jahr keimt er meist nur noch zu 50 Prozent– daher immer frisches Saatgut verwenden)

Minimalbestand: 3 Ballen bei vegetativer Vermehrung, 5 bei Samenvermehrung

ECHTER FENCHEL

In den Fenchelblüten tobt das Leben.

Die Pflanzen wachsen zu stattlichen Exemplaren von gut 2 m Höhe heran.

Foeniculum vulgare

Fencheltee hast du vermutlich schon mal getrunken, er kommt als Arznei bei Magenkrämpfen, Völlegefühl und Blähungen sowie bei Katarrhen der oberen Atemwege zum Einsatz. Der Echte Fenchel (Tee-, Gewürz-Fenchel) stammt aus dem mediterranen Raum, er wächst aber auch in unseren Breiten wild und gedeiht problemlos in normaler Gartenerde.

Außer den aromatischen Samen, die vor allem in der südeuropäischen und indischen Küche eingesetzt werden, kannst du auch die jungen Triebe, Blätter und Blüten verwenden. Sie verfeinern klein gehackt Salate, Gemüse- und Eiergerichte, Suppen, Kräuterbutter und Dips. Die Pflanzen werden gute 2 m hoch und produzieren jede Menge Grün und Samen. Am Fenchelgrün bedienen sich auch die Raupen vom Schwalbenschwanz, der längst auf der Vorwarnliste gefährdeter Schmetterlinge steht. In den Blüten wimmelt es nur so von Wildbienen, winzigen Wespen und Schwebfliegen. Genug Gründe, sich den Fenchel in den Garten zu holen, oder?

Vermehrt wird er vorwiegend über Samen, die du die ganze Saison über aussäen kannst. Bei zeitiger Aussaat blüht der Fenchel schon im ersten Jahr, normalerweise aber ab dem zweiten. Die Samen reifen nach und nach von Ende August bis Oktober aus. Wenn die ersten auszufallen beginnen, streifst du mit den Fingern durch die Dolden und lässt, was locker sitzt, in eine Schüssel rieseln. Oder du schneidest die ganzen Blütenstände ab, steckst sie in eine Papiertüte, lässt sie nachreifen, rebelst sie dann von den Stängeln und reinigst sie durch Sieben.

Die Stockteilung im Frühjahr oder im Herbst ist ebenfalls möglich. Die Pflanzen sind zwar mehrjährig, gedeihen aber am selben Standort nicht besonders lang. Du kannst sie teilen und an eine andere Stelle setzen. Oder ganz gemütlich woanders neu ansäen.

Übrigens – der Knollen- oder Gemüse-Fenchel (*Foeniculum vulgare* var. *azoricum*) wurde aus dem Echten Fenchel gezüchtet. Den musst du Anfang Juli aussäen, sonst bildet er nicht Knollen, sondern Blüten aus. Für die Samenernte müssen die Knollen mit Wurzeln frostfrei überwintert und im Frühjahr wieder ausgepflanzt werden. Die Samenernte unterscheidet sich nicht von jener des Echten Fenchels. Aber natürlich können sich verschiende Knollenfenchel-Sorten miteinander kreuzen. Und der Echte Fenchel kann sich in Knollenfenchel-Sorten einkreuzen.

Knollenfenchel im 2. Jahr

Standort: sonnig, offen

Boden: anspruchslos

Lebensdauer: mehrjährig

Blüte: gelb, Juli–August, im selben oder ab dem Folgejahr

Höhe: bis über 200 cm

Abstand: dicht aussäen (und später in Grüppchen zu mehreren pflanzen)

Aussaat: März–August in Töpfchen im Freien oder breitwürfig direkt ins Beet

Saattiefe: 1 cm

Keimdauer: 2–3 Wochen bei 15–20 °C

Anbaupause: am selben Standort 3–4 Jahre

Vermehrung: Samen, Teilung des Wurzelstocks im Frühjahr oder Herbst

Verkreuzungsmöglichkeiten: mit bronzefarbenen Sorten (*Foeniculum vulgare* var. *rubrum*); der Echte Fenchel kann sich in Knollenfenchel-Sorten (*Foeniculum vulgare* var. *azoricum*) einkreuzen

Blüte: gelb, Juli–August, im selben oder ab dem 2. Jahr; zwittrig, Fremdbefruchtung durch Insekten, Selbstbefruchtung kommt vor

Saatguternte: reife Samen ab Ende August, wenn sie auszufallen beginnen – mit den Fingern durch die Dolden streifen und locker sitzende Samen in einer Schüssel auffangen oder ganze Dolden abschneiden, nachreifen lassen, von den Doldenstängeln rebeln und sieben

Keimfähigkeit der Samen: 2–3 Jahre

Minimalbestand: 5 Pflanzen

149

AMPFER

Samenstände beim Blut-Ampfer

Den Blut-Ampfer kannst du fast ganzjährig beernten.

Verschiedene Ampfer-Arten

Rumex spp.

Verschiedene einheimische Arten von Ampfer lassen sich gut im Garten kultivieren und als Wildgemüse beernten. Sie enthalten viel Vitamin C und können schon zeitig im Jahr geschnitten werden. Die meisten verleihen Gerichten eine Zitronennote.

- Großer Sauerampfer = Gewöhnlicher Sauerampfer *(Rumex acetosa)*
- Kleiner Sauerampfer = Zwerg-Sauerampfer *(Rumex acetosella)*
- Blut-Ampfer = Hain-Ampfer *(Rumex sanguineus)*
- Römischer Ampfer = Schild-Ampfer *(Rumex scutatus)*
- Gemüse-Ampfer = Ewiger Spinat = Echter Mönchsrhabarber *(Rumex patientia)*

Die sauren Blätter und Stiele des Großen und Kleinen Sauerampfers und des Römischen Ampfers können von März bis Oktober geerntet und zu Salaten gegeben werden. Von jeher werden sie zu leichten Suppen verkocht. Die knospigen Blütenstände bereichern Gemüsegerichte, Eintöpfe und Soßen. Der Blut-Ampfer mit seinen dekorativen rötlichen Stängeln und rot geaderten Blättern schmeckt nur ganz leicht säuerlich, er verfeinert Salate, Quark- und Käsespeisen oder Suppen. Der Gemüse-Ampfer, ebenfalls eher mild, kann nur im Frühjahr beernten werden und muss gekocht werden. Weitere Kulturformen, genau genommen die Sorten des Garten-Sauerampfers (Rumex rugosus), warten mit besonders großen und weichen sauren Blättern auf.

Alle Ampferarten sind mehrjährig und stehen am liebsten an eher feuchten Standorten. Im Halbschatten bleiben die Blätter zarter und schmecken saurer. Alle drei, vier Jahre solltest du die Pflanzen an einen anderen Standort setzen. Und willst du viele Blätter ernten, dann schneide die Pflanzen mehrmals im Jahr zurück (ohne das Herz zu verletzen) und brich regelmäßig die Blütenstiele aus.

Ampfer wird über Samen vermehrt. Du kannst sie im Frühjahr aussäen und ab Juli des zweiten Jahres ernten, wenn sie beginnen, auszufallen. Dazu schneidest du die ganzen Blütenstände ab, trocknest sie nach, rebelst sie von den Stängeln und siebst sie. Die Bestäubung übernehmen Insekten und Wind. Die einzelnen Arten kreuzen sich untereinander nicht, aber die Wildformen können sich in die Kultursorten (Gemüse-Ampfer) einkreuzen.

Mit Ampfer holst du dir übrigens auch Schmetterlinge in den Garten. Der Große und der Kleine Sauerampfer sind Raupen-Futterpflanzen für jeweils über 30 (!) verschiedene einheimische Schmetterlingsarten, darunter viele stark gefährdete. Auch die anderen Ampfer-Arten schmecken den Raupen.

Standort: sonnig, halbschattig

Boden: nährstoffreich (nur der Römische Ampfer steht lieber an mageren Standorten)

Lebensdauer: mehrjährig

Höhe: 30 cm (Kleiner Sauerampfer, Römischer Ampfer), 100 cm (Großer Sauerampfer, Blut-Ampfer), 150 cm (Gemüse-Ampfer)

Abstand: 20 cm (25 Pflanzen/m^2)

Aussaat: März–Mai in Töpfchen im Freien

Saattiefe: 0 cm (Lichtkeimer)

Keimdauer: 2–3 Wochen bei 15–20 °C

Vermehrung: Samen

Verkreuzungsmöglichkeiten: die einzelnen Arten kreuzen sich untereinander nicht, die Wildformen können sich in die Kultursorten (Gemüse-Ampfer) einkreuzen

Blüte: grün (Blut-Ampfer), Mai–August, ab dem 2. Jahr; zweihäusig, Fremdbefruchtung durch Insekten und Wind

Saatguternte: reife Samen ab Juli, wenn sie beginnen, auszufallen; ganze Blütenstände abschneiden, nachtrocknen, von den Stängeln rebeln, sieben

Keimfähigkeit der Samen: 3 Jahre

Minimalbestand: jeweils 5 Pflanzen

Wichtig: Ampfer sollte nicht über lange Zeiträume und in großen Mengen verzehrt werden, denn die enthaltene Oxalsäure entzieht dem Körper Kalzium und Eisen und kann in großen Mengen zu Nierenbeschwerden führen.

ECHTE RINGELBLUME

Ringelblumen-Blüten

Sobald die Samenstände braun werden, kannst du Ringelblumen-Samen ernten.

Calendula officinalis

Die Ringelblume ist super pflegeleicht. Sie stammt vermutlich aus dem Mittelmeerraum, wächst aber auch in Mitteleuropa teilweise wild und ist aus Bauern- und Naturgärten nicht wegzudenken. Bienen und Schmetterlingsraupen lieben sie. Unermüdlich blüht sie bis in den Frost hinein. Die Blüten sind essbar und haben einen mild-würzigen Geschmack. Die Knospen können ausgebacken, kurz gebraten oder wie Kapern eingelegt werden. Getrocknete Blütenblätter werden wegen ihrer Farbe gern in Teemischungen gegeben. Aufgüsse, Tees und Salben auf Basis von Ringelblumenblüten wirken entzündungshemmend und fördern die Wundheilung. Neben Tomatenpflanzen gesetzt, verringern sie deren Anfälligkeit gegen Krautfäule. Die musst du haben, oder?

Die Vermehrung funktioniert ganz einfach über Samen. Findet die Ringelblume ein offenes Plätzchen, versamt sie sich zuverlässig selbst. Wenn nicht, streust du die Samen im Frühjahr ins Beet und harkst sie ein. Nach etwa acht Wochen kannst du dich dann an den ersten Blüten erfreuen. Ab Juli, wenn sich die Samenstände braun verfärbt haben, kannst du sie abknipsen, nachtrocknen und auslesen. Die Samenernte der Ringelblumen zieht sich über Monate hin.

Meine Empfehlung: Dieselben Eigenschaften hat auch die wilde und einheimische Acker-Ringelblume (Calendula arvensis). Sie ist insgesamt etwas kleiner im Erscheinungsbild und blüht in Gelb. Außerdem wird sie als stark gefährdet in den Roten Listen Deutschlands geführt – Grund genug, sie sich in den eigenen Garten zu holen, oder?

Blühende Pflanzen und Samen der Acker-Ringelblume

Standort: offen, sonnig

Boden: anspruchslos

Lebensdauer: einjährig

Höhe: 30 cm

Abstand: 25 cm (15 Pflanzen/m^2)

Aussaat: April–Juni ins Freiland

Saattiefe: 1,5 cm

Keimdauer: 1–2 Wochen bei 15–20 °C

Vermehrung: Samen

Verkreuzungsmöglichkeiten: mit allen Sorten derselben Art (nicht mit *Calendula arvensis*)

Blüte: orange, gelb, Juni bis November im selben Jahr; zwittrig, Fremdbefruchtung durch Insekten

Saatguternte: reife Samen ab Ende Juli; die Samenstände abknipsen, nachtrocknen, die Samen auslesen

Keimfähigkeit der Samen: 5 Jahre

Minimalbestand: 5 Pflanzen

BORRETSCH

Borago officinalis

Dieses bekannte Garten- und Wildkraut hast du bestimmt schon in Kräuter- und Bauerngärten gesehen. Der Dauerblüher mit wunderschönen, leuchtend blauen Blüten wird von Bienen umschwirrt, die sich an seinem Nektar laben. Die Blüten kannst du als essbare Deko verwenden – ein echter Hingucker in sommerlichen Salaten. Die Blätter schmecken nach frischen Gurken (daher der andere Name: Gurkenkraut). Früher wurden sie auch verzehrt, wovon man jedoch heute abrät, weil die Blätter Alkaloide enthalten, die die Leber schädigen können. Macht nichts, lassen wir sie einfach den Schmetterlingsraupen!

Borretsch wird ausschließlich generativ vermehrt. Er wird direkt ins Beet gesät (oder in Pflanzkübel auf dem Balkon) und schon vier Monate später kannst du anfangen, die Samen einzusammeln. Sie sind reif, wenn sie beginnen, aus den Kelchen zu fallen, was ausnahmsweise mal ganz einfach zu erkennen ist, denn sie sind relativ groß und handlich. Was dir entwischt, wird dann im nächsten Jahr irgendwo in der Nähe aufgehen, Borretsch versamt sich recht zuverlässig selber weiter.

Zur Plage wird er dabei aber nicht, denn er lässt sich, wenn auch mit etwas stachligen weißen Härchen besetzt, gut entfernen. Das Pflanzenmaterial kannst du zum Mulchen verwenden. Abgesehen davon durchwurzelt und verbessert Borretsch schwere Böden und holt Nährstoffe aus tieferen Bodenschichten herauf – gut für die Gemüsepflanzen, die du dann im nächsten Jahr dort ziehst.

Borretsch-Blüten und -Samen

Tipp: Eiswürfel mit Borretsch-Blüten für coole Drinks: Pack die schwarzen Staubfäden vorsichtig mit zwei Fingern und zupfe den Blütenkopf aus den grünen Kelchblättern. Fülle einen Eiswürfelbehälter zur Hälfte mit Wasser und lass es gefrieren. Dann legst du auf jedes Würfelchen eine Borretsch-Blüte, füllst bis oben mit Wasser auf und lässt den gesamten Eiswürfel gefrieren. Das sieht zauberhaft aus!

Standort: offen, sonnig

Boden: nährstoffreich

Lebensdauer: einjährig

Höhe: 50–60 cm

Abstand: 40 cm (8 Pflanzen/m^2)

Aussaat: März–Juni ins Freiland

Saattiefe: 2 cm

Keimdauer: 1–3 Wochen bei 15–20 °C

Vermehrung: Samen

Verkreuzungsmöglichkeiten: keine außer mit der weißblühenden Sorte

Blüte: blau, Mai–Oktober, im selben Jahr; zwittrig, Fremdbefruchtung durch Insekten

Saatguternte: reife Samen Juli–Oktober oder ganze Samenstände abnehmen, wenn die ersten Samen sich schwarz verfärbt haben, und alles in einer Papiertüte oder einer Schüssel nachreifen lassen; Sieben entfällt, die Samen fallen von allein aus, wenn sie reif sind

Keimfähigkeit der Samen: 2–3 Jahre

Minimalbestand: 5 Pflanzen

GROSSE KAPUZINERKRESSE

Samenernte bei der Kapuzinerkresse

Aus den Samen (siehe unten) werden Pflanzen, die sich gerne ordentlich ausbreiten.

Tropaeolum majus

Für alle, die den leicht scharfen, Senf-Pfeffer-aromatischen Geschmack von Kresse lieben oder einfach gerne große Blumen essen! Die Große Kapuzinerkresse gedeiht auch wirklich prächtig auf dem Balkon, du kannst sie in Pflanzkübeln ziehen und ranken oder klettern lassen. Im Garten erobert der Bodendecker schnell viele Quadratmeter, deshalb ziehe ich diese Pflanze lieber in großen Töpfen. Das erleichtert auch die Samenernte – die Töpfe kann ich drehen und das überhängende Laub anheben, um die großen Samen zu entdecken. Das ist viel einfacher so, als Blatt für Blatt aufzuheben und den Erdboden abzusuchen. Die Blüten erscheinen über Monate hinweg, die Samen reifen entsprechend nach und nach aus.

Die Blätter kannst du von Mai bis Oktober in feine Streifen geschnitten als Würze für Salate, Kräuterbutter und Quark oder zu Kartoffeln verwenden oder ein leckeres Pesto daraus herstellen. Die Blütenknospen lassen sich kapernartig einlegen. Ja, und die farbenprächtigen, trompetenförmigen, großen Blüten, ebenfalls herrlich kresse-aromatisch, sind natürlich eine außergewöhnlich tolle, essbare Deko. Schau aber bitte immer genau hin, bevor du reinbeißt, denn die Kapuzinerkresse ist eine tolle Bienenweide und allerlei kleine Krabbelkäfer finden ebenfalls ihren Gefallen an ihr.

Tipp: Je magerer der Standort, desto mehr Blüten bringt diese Pflanze hervor. Ich wollte einmal einen fetten, schattigen Komposthaufen damit beblühen, heraus kam ein Dickicht von grünem Kresse-Laub. Pesto ohne Ende, okay, das lässt sich ja auch super in kleinen Gläschen einfrieren. Aber vermehren lässt sich die Kapuzinerkresse so natürlich nicht.

Standort: sonnig, halbschattig, frisch

Boden: mager

Lebensdauer: einjährig

Höhe: bis 30 cm

Abstand: 30 cm (10 Pflanzen/m^2)

Aussaat: Mai–Juni in Töpfen im Freien oder Vorkultur ab März und Auspflanzen im Mai

Saattiefe: 1 cm

Keimdauer: 2–3 Wochen bei 15–20 °C

Vermehrung: Samen

Verkreuzungsmöglichkeiten: mit allen Sorten der Kapuzinerkresse

Blüte: gelb, orange, Juni–September, im selben Jahr; zwittrig, Fremdbefruchtung durch Insekten

Saatguternte: reife Samen Juli–Oktober, wenn sie sich bei Berührung leicht lösen lassen; dann müssen sie einige Wochen nachtrocknen, der Prozess ist vollendet, wenn die Samen leicht runzlig, gefurcht und beige bis hellgrau sind

Keimfähigkeit der Samen: 2–3 Jahre

Minimalbestand: 5 Pflanzen

MEDITERRANE HALB- BZW. ZWERG-STRÄUCHER

ECHTER SALBEI

Blüten von Echtem Salbei

Salbei fühlt sich an warmen Standorten am wohlsten.

Die Blätter kannst du fast das ganze Jahr über ernten.

Salvia officinalis

Er wächst wild im mediterranen Raum, fehlt aber sicher auch in Mitteleuropa in kaum einem Bauern- oder Kräutergarten. Die Blätter können fast ganzjährig geerntet und frisch oder getrocknet als Würze oder Tee verwendet werden. Salbeitee hilft fabelhaft bei Entzündungen in Hals, Rachen und Mund und bei Bauchschmerzen. Während der Blüte ist die Pflanze ein echter Bienenmagnet, vor allem Hummeln tummeln sich daran, denn die Blüten produzieren sehr viel Nektar.

Salbei mag sonnige und trockene Standorte und ist auch bestens als Balkonpflanze geeignet. Staunässe verträgt er nicht, deshalb überlebt er in Hochbeeten nicht lange – sie sind einfach zu nährstoffreich und zu feucht. Das trifft alles auch auf Thymian, Rosmarin und Lavendel zu.

Es gibt zahlreiche Salbeisorten: großblättrige, gefleckte, gekrauste, bunte oder solche mit verführerischen Fruchtaromen (Zitrone, Ananas, Pfirsich). Sie werden nur vegetativ vermehrt, da sie entweder keine Samen ausbilden oder die Samen nicht sortenecht ausfallen. Beim Echten Salbei hast du die Wahl zwischen Samen- und Stecklingsvermehrung, beide Methoden funktionieren wunderbar. Wenn du Samen nehmen willst, darfst du keine andere Sorte gleichzeitig blühen lassen, sie können sich kreuzen.

Die Aussaat erfolgt im Frühjahr, die Samenernte ab August des zweiten Jahres, wenn sie auszufallen beginnen. Schneide dann am besten die ganzen Blütenstände ab und lass sie in einer luftigen Papiertüte nachreifen und trocknen. Dann rebelst oder drischst du die Samen aus und reinigst sie durch Sieben.

Stecklinge kannst du während der warmen Sommermonate schneiden. Wähle dafür einjährige Triebe aus, also solche, die im selben Jahr gewachsen sind. Sie sollten noch nicht verholzt sein, sich aber doch schon etwas fest anfühlen. Außerdem sollten sie zwei bis drei Blattknoten haben, das sind die verdickten Stellen am Stängel, aus denen die Blätter wachsen. Schneide den Trieb kurz unter einem solchen Blattknoten ab, entferne die großen Blätter und kürze auch die oberen Blattspitzen ein. Dann steckst du die so frisierten Stängelchen in Töpfchen mit magerer, durchlässiger Erde. Stell sie absonnig auf und halte sie schön feucht, sie brauchen etwa vier Wochen, um Wurzeln zu bilden. Ach ja – und schneide vorsichtshalber immer ein paar mehr Stecklinge, als du wirklich benötigst. Es wird nicht aus jedem etwas, das ist normal. Was du zu viel hast, kannst du ja verschenken.

Standort: sonnig, trocken

Boden: kalkhaltig

Lebensdauer: mehrjährig

Höhe: 70 cm

Abstand: 40 cm (6 Pflanzen/m^2)

Aussaat: April–Juni in Töpfchen im Freien

Saattiefe: 1 cm

Keimdauer: 1–3 Wochen bei 15–20 °C

Vermehrung: Samen im Frühjahr oder Weichholz-Stecklinge im Sommer

Verkreuzungsmöglichkeiten: mit Salbeisorten

Blüte: violett, Juni–Juli ab dem 2. Jahr; zwittrig, Fremdbefruchtung durch Insekten

Saatguternte: reife Samen ab August, wenn sie auszufallen beginnen, ganze Blütenstände abschneiden, nachtrocknen, rebeln oder dreschen, sieben

Keimfähigkeit der Samen: 3 Jahre

Minimalbestand: 2–3 Pflanzen

ECHTER THYMIAN

Aus den Thymian-Jungpflänzchen werden ...

... ausgewachsene Pflanzen mit Blüten, die du übrigens auch zum Würzen verwenden kannst!

Thymus vulgaris

Heilpflanze, Gewürzpflanze, Bienenweide: Dieses Superkraut wirkt antibakteriell, antiviral, entzündungshemmend, krampflösend auf die Bronchien und erleichtert das Abhusten. Die Blätter können von Frühsommer bis Herbst als Würze verwendet werden: auf Butterbroten, in Dressings, Suppen, Eier- und Quarkspeisen, zu Käse, auf Broten, in Öl, Essig, Schnaps und Tee, getrocknet in Kräutersalz.

Standort: sonnig

Boden: mager, trocken

Lebensdauer: mehrjährig

Höhe: 30 cm

Abstand: 30 cm (10 Pflanzen/m^2)

Aussaat: März–Juni ins Freiland

Saattiefe: 0 cm (Lichtkeimer)

Keimdauer: 1–3 Wochen bei 20–25 °C

Vermehrung: Samen im Frühjahr (Lichtkeimer); Weichholz-Stecklinge im Sommer; Ableger im Herbst (Thymian schlägt Wurzeln, wenn Triebe auf dem Boden aufliegen)

Verkreuzungsmöglichkeiten: mit Thymiansorten

Blüte: lila, Juli–August, ab dem 2. Jahr; zwittrig, Fremdbefruchtung durch Insekten

Saatguternte: reife Samen ab August, wenn sie auszufallen beginnen, ganze Blütenstände abschneiden, nachtrocknen, rebeln, sieben

Keimfähigkeit der Samen: 3 Jahre

Minimalbestand: 2–3 Pflanzen

ROSMARIN

Rosmarin ist ein echtes Allroundtalent.

Rosmarinus officinalis

Auch der Rosmarin ist als Heilpflanze, Gewürzpflanze und Bienenweide ein echter Alleskönner. Er wird bei Magen, Leber- und Gallebeschwerden sowie äußerlich bei Muskel- und Gelenkschmerzen und zur Wundheilung eingesetzt. Die Blätter können fast ganzjährig geerntet und frisch oder getrocknet als Würze verwendet werden.

Standort: sonnig

Boden: durchlässig, kalkhaltig, trocken

Lebensdauer: mehrjährig

Höhe: bis 150 cm

Abstand: 40 cm (6 Pflanzen/m²)

Aussaat: April–Juni ins Freiland

Saattiefe: 0 cm (Lichtkeimer)

Keimdauer: 1–3 Wochen bei 20–25 °C

Vermehrung: Samen im Frühjahr (Lichtkeimer); Weichholz-Stecklinge im Sommer in Wasser oder Erde; Ableger im Herbst (Rosmarin schlägt Wurzeln, wenn Triebe auf dem Boden aufliegen)

Verkreuzungsmöglichkeiten: mit Rosmarinsorten

Blüte: hellviolett, Mai-Juli, ab dem 2. oder 3. Jahr; zwittrig, Fremdbefruchtung durch Insekten

Saatguternte: reife Samen ab August, wenn sie auszufallen beginnen, ganze Blütenstände abschneiden, nachtrocknen, rebeln, sieben

Keimfähigkeit der Samen: 3 Jahre

Minimalbestand: 2–3 Pflanzen

ECHTER LAVENDEL

Auch Lavendel ist sehr vielseitig einsetzbar – und so schön!

Lavandula angustifolia

Heilpflanze, Gewürzpflanze, Bienenweide, Schmetterlingsfutter – all das ist Echter Lavendel. Seine Blüten werden medizinisch bei Unruhe, nervöser Erschöpfung und Schlafstörungen eingesetzt, ein Bad mit einem Aufguss aus den Blüten wirkt entspannend. Die Blätter können von April bis Juli, die blauen Blüten von Juli bis August als Würze in Gemüsegerichte und Soßen gegeben werden, als Aroma in Gelee, Sirup und Spirituosen.

Standort: sonnig

Boden: mager, trocken

Lebensdauer: mehrjährig

Höhe: 50 cm

Abstand: 30 cm (10 Pflanzen/m^2)

Aussaat: April–Juni ins Freiland

Saattiefe: 0 cm (Lichtkeimer)

Keimdauer: unregelmäßig, bis zu 8 Wochen bei 15–20 °C

Vermehrung: Samen im Frühjahr (Lichtkeimer); Kopfstecklinge (erster Austrieb) im Frühjahr; Ableger im Herbst (Lavendel schlägt Wurzeln, wenn Triebe auf dem Boden aufliegen)

Verkreuzungsmöglichkeiten: mit Lavendelsorten

Blüte: blau, Juli-September, ab dem 2. oder 3. Jahr; zwittrig, Fremdbefruchtung durch Insekten

Saatguternte: reife Samen ab August, wenn sie auszufallen beginnen, ganze Blütenstände abschneiden, die Samen ausschütteln, nachtrocknen, sieben

Keimfähigkeit der Samen: 2 Jahre

Minimalbestand: 2–3 Pflanzen

INSEKTEN-
FREUNDLICHE
EINHEIMISCHE
WILDPFLANZEN

STAUDENBEET, BLUMENWIESE ODER BALKON: JEDER QUADRATMETER ZÄHLT!

Der Insektenschwund und das Artensterben sind in aller Munde. Und immer mehr Hobbygärtner*innen möchten etwas dagegen tun. Im eigenen Garten die Welt retten – geht das? Klar! Wo heimische Wildpflanzen auf naturnahen Flächen wachsen dürfen, stellen sich erstaunlich schnell auch wieder fast vergessene Insekten ein. Jede noch so kleine Blüteninsel ist ein ökologischer Trittstein für den Biotopverbund. Und je größer die Artenvielfalt, desto besser.

Besonders die Nachfrage nach Saatgutmischungen für Blumenwiesen steigt. Discountermischungen taugen nicht viel, finde ich, vor allem nicht, wenn sie zum Teil aus Spiel- und Sportgrassamen bestehen. Diese Gräser setzen sich durch. In den Mischungen finden sich auch nur selten einheimische Pflanzen, dabei sind es aber doch genau die, die unsere gefährdeten Bienen brauchen. Du kannst standortspezifische Mischungen bei größeren Anbietern von Wildpflanzensaatgut kaufen (siehe Anhang, S. 211) – in kleinen Mengen oder säckeweise. Informationen zur Anlage und Pflege deiner Wildblumenwiese werden gleich mitgeliefert.

Willst du dir eine individuelle Mischung zusammenstellen oder entscheidest du dich für das gute alte Staudenbeet (was übrigens pflegeleichter ist) und kaufst Einzelsaatgut? Dann wähle Arten aus, die sich für deinen Standort eignen. Liegt er in der Sonne oder eher schattig? Wie ist der Boden – lehmig oder sandig, feucht oder trocken? Wie hoch darf das Blütenmeer werden?

Bei Saatgutmischungen wird oft vergessen, dass man die Samen nicht einfach in vorhandenen Rasen einstreuen kann. Gegen eine verfestigte Grasnarbe vermag sich kein zartes Pflänzchen durchzusetzen. Der Boden muss vorbereitet sein wie ein Beet, d. h.: Grasnarbe weg, alle Wurzeln raus, die Erde feinkrümelig vorbereiten. Die einzelnen Wildpflanzenarten haben verschiedene Aussaatzeiten und verschiedene Saattiefen. Ein kleines Glockenblümchen wird sich nicht gegen eine mächtige Königskerze durchsetzen können.

Übrigens: Wo nur zweimal im Jahr gemäht wird, siedeln sich Wildpflanzen wie Wiesen-Schafgarbe, Wilde Möhre, Natternkopf und Wegwarte oft schon von allein an. Sie verwildern aus der freien Natur oder aus anderen Gärten heraus und werden vom Wind und von Vögeln herbeigebracht. So entstehen auch blühende Brachen.

Schneller geht es, wenn du ein paar Inselchen im Rasen freilegst und dort ein paar Wildpflanzen einsäst. Entferne dazu zunächst hie und da die Grasnarbe und alle Wurzeln. Mit etwas Glück schaffen sie es, sich von dort aus von allein im Garten zu verbreiten. Das funktioniert großartig z. B. in Streuobstwiesen.

Eine Alternative ist die Anzucht der Pflanzen in Töpfchen. Wenn sie sich schön entwickelt haben, pflanzt du sie in die Wiese. Auch hier sollten die Pflanzstellen vorher gelockert und Gräser usw. entfernt werden. Optimal ist natürlich die Kombination beider Methoden: Initialpflanzung und Aussaat. Ich empfehle dir auch, die Wiese nicht kunterbunt anzulegen, also nicht alles durcheinander zu säen oder zu pflanzen, sondern nach Plan vorzugehen und die heimischen Blümchen und Gräser einer Sorte an eine bestimmte Stelle zu setzen. Dann hast du einen besseren Überblick, was aufgeht und sich gut entwickelt, und kannst gegebenenfalls nachsäen. Innerhalb weniger Jahre vermischen sich die Arten von allein.

KORNBLUME

Centaurea cyanus

In meiner Kindheit haben die Kornblumen (oder korrekt: Korn-Flockenblumen) zusammen mit Klatsch-Mohn und Kamille noch ganze Getreidefelder durchzogen und in ein wogendes Meer aus Blau, Rot und Gold verwandelt. Von diesen typischen Acker-Wildblumen gab es so viele, dass es vollkommen in Ordnung war, wenn wir uns ein Sträußchen pflückten. Das würde mir heute nicht mehr in den Sinn kommen, so selten, wie man diese Farbenpracht noch zu sehen bekommt – erst recht nicht in der freien Natur.

Säst du Kornblumen in deinem Garten aus, wirst du schnell bemerken, wie gut sie von allerlei Wildbienen, Käfern und Schwebfliegen besucht werden, die sie mit Nektar und Pollen anlocken. Kornblumen zu kultivieren, ist total einfach: einfach direkt an Ort und Stelle säen, einharken, feucht halten und staunen. Sie brauchen Sonne und durchlässigen (lockeren) Boden. Und wenn sie genügend freie Fläche vorfinden, säen sie sich auch selber aus.

Die Samen kannst du im Spätsommer und zeitigen Herbst ernten, indem du die trockenen Blütenköpfe abknipst, sie nachtrocknest und die Samen dann aus den Hüllen rebelst oder drischst.

Frei blühende Kornblumen sind leider selten geworden. Ein Grund mehr, dir diese hübsche Wildpflanze in den Garten zu holen!

So sehen die Samen der Kornblume aus.

Tipp: Auch wenn mich abgeschnittene Blumen in schnell verblühenden Blumensträußen grundsätzlich eher traurig machen – eine Ausnahme mache ich, wenn sie für etwas Verwendung finden, woran wir länger Freude haben. Eine Handvoll der blauen Kornblumenblütenblätter wandert jedes Jahr mit in meine Kräutertee-Mischung. Zusammen mit den orange-gelben Blüten der Ringelblumen und den rosafarbenen der Moschusmalven bringen sie ein paar sommerliche Farbtupfer mit in die kalte Winterzeit hinüber. Diese Blüten sind geschmacksneutral und verlieren ihre Farbe durch das Trocknen nicht.

Standort: sonnig

Boden: durchlässig

Lebensdauer: einjährig

Höhe: 50–100 cm

Abstand: 25 cm (15 Pflanzen/m^2)

Aussaat: März bis Mai direkt ins Beet

Saattiefe: 1 cm

Keimdauer: 1–2 Wochen bei 15–20 °C

Vermehrung: Samen

Verkreuzungsmöglichkeiten: mit allen Kornblumensorten

Blüte: blau, Juli–September, im selben Jahr; zwittrig, Fremdbefruchtung durch Insekten

Saatguternte: reife Samen ab August, trockene Blütenköpfe abknipsen, nachtrocknen und aus den Hüllen rebeln oder dreschen

Keimfähigkeit der Samen: 4–5 Jahre

Minimalbestand: 10 Pflanzen

KLATSCH-MOHN

Auch Klatsch-Mohn ist eine echte Bereicherung, und nicht nur fürs Auge.

Das Saatgut kannst du u. a. gewinnen, indem du die Samen über einer Schüssel ausschüttelst.

Papaver rhoeas

Auch der Klatsch-Mohn (oder Mohnblume, Acker-Mohn) zierte bis vor einigen Jahrzehnten noch weitverbreitet Acker und Getreidefelder mit seinen leuchtend roten Blüten. Anders als die Kornblume sieht man ihn heute erfreulicherweise wieder häufiger. Die einheimische Wildpflanze bevorzugt offene und sonnige Standorte, gedeiht aber auch im Pflanzkübel. Die Blütezeit reicht von Mai bis August. Vor allem in den Morgenstunden tummeln sich Hummeln und Honigbienen in den pollenreichen Blüten. Anspruchslos, schön und nützlich, wie er ist, sollte der Klatsch-Mohn in keinem naturnahen Garten und auf keiner Wildblumenwiese fehlen.

Anbau und Vermehrung sind denkbar einfach. Du streust die Samen im zeitigen Frühjahr oder im Herbst ins Beet (Kühlkeimer, Lichtkeimer) und überlässt sie sich selbst. Anfangs entwickelt sich Mohn sehr zögerlich und wird gern von raschwüchsigeren Pflanzen verdrängt. Schau daher immer mal nach, ob er noch genug Freiraum hat, um zu wachsen. Weil die Samen sehr klein und leicht sind, streut man meist auch zu viele auf einer Stelle aus; zupf dann einfach einen Teil davon weg.

Ab Juli kannst du das Saatgut ernten. Es ist reif, wenn die Samenstände vertrocknet sind, die Kapseln sich oberhalb geöffnet haben und die Samen darin bei Berührung rascheln. Entweder du greifst dir ein ganzes Bündel an Samenständen (Kapseln mit Stielen) und schüttelst die Samen über einer großen Schüssel aus oder du schneidest sie ab und steckst sie kopfüber in eine Papiertüte. Die Samen fallen aus; lass sie noch ein wenig nachtrocknen, dann kannst du sie sieben.

Übrigens: Der bittere Milchsaft und die unreifen Kapseln des Klatsch-Mohns sind schwach giftig. Der eng verwandte Schlaf-Mohn *(Papaver somniferum)* enthält besonders viel Morphin und aus einigen Sorten werden Morphium, Kodein, Opium und Heroin gewonnen, daher wird der Anbau von Schlaf-Mohn in den meisten Ländern streng kontrolliert. Auch bei uns ist er meldepflichtig und es dürfen nur bestimmte Sorten angebaut werden, um die Graumohn-, Blaumohn- und Weißmohnsamen für die Ölpressung und für unsere Kuchen zu produzieren. Das sind Züchtungen von Schließ-Mohn (die Kapseln öffnen sich nicht von allein), die besonders große Samen ausbilden, reife Mohnblumensamen sind bedenkenlos essbar.

Schon gewusst? Schlaf-Mohn darf nicht einfach so angebaut werden.

Standort: sonnig

Boden: frisch, lehmig, kalkhaltig, mäßig nährstoffreich

Lebensdauer: einjährig

Höhe: 50–100 cm

Abstand: 25 cm (15 Pflanzen/m^2)

Aussaat: März–April, September

Saattiefe: 0 cm (Lichtkeimer)

Keimdauer: 1–2 Wochen bei 10–15 °C (Kühlkeimer)

Vermehrung: Samen

Verkreuzungsmöglichkeiten: mit Gartenformen

Blüte: rot, Mai bis August, je nach Aussaat-Zeitpunkt im selben oder im Folgejahr; zwittrig, Fremdbefruchtung durch Insekten, Selbstbefruchtung kommt ebenfalls vor

Saatguternte: trockene Samenstände ab Juli; wenn die Samen bei sanftem Schütteln in den Kapseln zu rascheln beginnen und sich Letztere an der Oberseite öffnen, kannst du sie ausschütten, nachtrocknen und sieben

Keimfähigkeit der Samen: mindestens 5 Jahre

Minimalbestand: 10 Pflanzen

FÄRBER-SCHARTE

Serratula tinctoria

Diese einheimische Wildpflanze war früher weitverbreitet, heute steht sie in vielen Teilen Deutschlands auf der Roten Liste vom Aussterben bedrohter Arten. Von Weitem betrachtet könnte man meinen, es sei eine Distel – das ist sie aber nicht, sie stachelt nicht. Ihre natürlichen Standorte sind Feuchtwiesen und lichte Wälder. Die Färber-Scharte ist eine Bienenweidepflanze von hohem Nektarwert, an dem sich auch Schmetterlinge laben. Außerdem dient sie Schmetterlingsraupen als Futterpflanze, darunter die vom Aussterben bedrohte Färberscharteneule.

Vermehren kannst du sie durch Aussaat im zeitigen Frühjahr (Kühlkeimer), sie kommt dann ab dem zweiten Jahr zur Blüte. Die Samen haben kleine Flugschirmchen, sie sind reif, wenn die ersten davonzuschwirren beginnen (meist im August). Für die Samenernte knipst du am besten die ganzen vertrockneten braunen Samenstände ab, trocknest sie etwas nach, rebelst die Samen heraus und trennst sie durch Sieben von der Spreu. Die Flugschirmchen lassen sich entfernen, indem du sie zwischen beiden Händen oder mit etwas Druck kreisförmig durch ein Sieb reibst.

Die Blüten zeigen sich ab dem zweiten Jahr.

Färber-Scharten-Samen

Nebenbei: Die Färber-Scharte wurde, wie es ihr Name schon sagt, zum Färben benutzt. Vor allem ihre Blätter enthalten den Farbstoff Serratulin, der das sogenannte Schüttgelb, ein grünliches Gelb, erzeugt.

Die Färber-Scharte ist ein super Bienenmagnet.

Standort: sonnig, halbschattig

Boden: nährstoffreich

Lebensdauer: mehrjährig

Höhe: 50–100 cm

Abstand: 40 cm (6 Pflanzen/m^2)

Aussaat: März–April (Kühlkeimer)

Saattiefe: 0,5 cm

Keimdauer: 2–3 Wochen bei etwa 10 °C

Vermehrung: Samen

Verkreuzungsmöglichkeiten: keine

Blüte: violett, Juli–Oktober, ab dem 2. Jahr; zwittrig oder weiblich, Fremdbefruchtung durch Insekten

Saatguternte: reife Samen ab August, trockene Blütenköpfe abknipsen, nachtrocknen und aus den Hüllen rebeln oder dreschen, sieben, Flugschirmchen abreiben

Keimfähigkeit der Samen: 3 Jahre

Minimalbestand: 5 Pflanzen

GEWÖHNLICHER BLUTWEIDERICH

(Wilde) Bienen lieben die Blutweiderich-Blüten.

Lythrum salicaria

Der Blutweiderich ist eine robuste, langlebige und farbenprächtige heimische Wildpflanze, die in der Natur in eher feuchten Gebieten in Gewässernähe wächst. Deshalb wird er vor allem als für Teichränder und ufernahe Standorte geeignete Pflanze ausgewiesen. Tatsächlich scheint er aber mit fast jedem Gartenboden zurechtzukommen, sofern dieser nicht regelmäßig vollkommen austrocknet. In unserem eher trockenen Garten hat der Blutweiderich sich längst etabliert, vermehrt sich und kommt jedes Jahr zuverlässig wieder. (Meine ältesten Pflanzen sind 15 Jahre alt!) Seine aufrechten Blütenstände ragen hoch hinaus und setzen wunderbare Akzente in den Staudenbeeten.

Aber nicht nur seine Schönheit ist überzeugend, sondern vor allem auch sein Nektar- und Pollenwert für Schmetterlinge und Bienen (darunter auch auf Weiderich spezialisierte Wildbienenarten, die ihn zum Überleben dringend benötigen). Ach ja: Raupenfutterpflanze ist er auch noch.

Vermehren kannst du ihn durch Aussaat im Frühjahr (das macht er auch durch Selbstaussaat), durch Stecklinge im Sommer oder Teilung. Dazu musst du ihn vollständig ausgraben und den Wurzelballen in der Mitte teilen. Mit der Samenernte kannst du im September loslegen, wenn die ersten Samen (sie sind winzig, fast wie Staubkörnchen) ausfallen. Das kannst du prüfen, indem du trocken wirkende und braun verfärbte Samenstände vorsichtig zur Seite biegst und abklopfst. Fallen genügend aus, dann nimm eine sehr große Schüssel und schüttle die langen Samenstände darüber aus. Alternativ kannst du sie auch abschneiden und kopfüber in eine Papiertüte stecken, etwas nachtrocknen lassen, dann ausklopfen und mit einem Sieb reinigen.

By the way – auch der Blutweiderich ist eine essbare Wildpflanze. Junge Triebe und Blätter kannst du im April und Mai in Salate und Gemüsegerichte oder für eine obstartige Note in Kräuterschnaps geben. Die Stängel kannst du im Mai geschält als Pfannengemüse zubereiten, die hübschen Blüten sind ebenfalls essbar.

Blutweiderich ist nicht nur schön anzusehen, sondern auch essbar.

Standort: sonnig, halbschattig

Boden: gern feucht

Lebensdauer: mehrjährig

Blüte: violett, Juni–September, ab dem 2. Jahr

Höhe: 100–200 cm

Abstand: 30 cm (10 Pflanzen/m²)

Aussaat: März–Juni in Töpfchen im Freien

Saattiefe: 0 cm (Lichtkeimer)

Keimdauer: 2–3 Wochen bei 20 °C

Vermehrung: Samen, Stecklinge, Stockteilung

Verkreuzungsmöglichkeiten: mit allen Gartensorten

Blüte: violett, Juni–September, ab dem 2. Jahr; zwittrig, Fremdbefruchtung durch Insekten

Saatguternte: ab September, Samenstände über einer großen Schüssel ausklopfen oder abschneiden und kopfüber in einem Papiersack nachtrocknen lassen, feines Saatgut aussieben

Keimfähigkeit der Samen: mindestens 3 Jahre

Minimalbestand: 5 Pflanzen

WILDE MÖHRE

Vielleicht hast du die Blüten der Wilden Möhre schon hier und da gesehen.

So sehen Samenstand und Keimlinge aus.

Daucus carota ssp. *carota*

Die Wilde Möhre ist nun ausnahmsweise mal eine sehr weitverbreitete Wildpflanze. Sehr anspruchslos gedeiht sie auch an den unwirtlichsten Standorten und übersteht lange Dürrezeiten. Sie hat einen hohen Bienenweidewert, ist Nektar- und Raupenfutterpflanze einheimischer Schmetterlingsarten, darunter die vom Aussterben bedrohte Amethysteule und der Schwalbenschwanz, der mittlerweile auf der Vorwarnliste gefährdeter Arten gelandet ist. Auch eine Vielzahl von Käfern und Fliegen tummelt sich auf ihren schönen weißen Dolden.

Kulturkarotten gehen auf Unterarten der Wilden Möhre zurück, auch auf unsere heimische. Und da es sich bei allen Karotten um Fremdbefruchter handelt, können sie sich miteinander verkreuzen. Wenn du also Kulturkarotten vermehren willst (die sich freilich ebenfalls alle miteinander verkreuzen können), achte darauf, dass in den nahe liegenden Wiesen keine Wilden Möhren blühen. Du erkennst sie übrigens an der kleinen schwarzen Blüte, die meist (nicht immer) in der Mitte der Dolden sitzt.

Die Vermehrung ist ansonsten denkbar einfach. Die Samen werden im Frühjahr oder im Herbst ausgesät, flach eingeharkt und feucht gehalten. Im zweiten Jahr nach der Aussaat gelangen die Pflanzen zur Blüte und Samenreife. Wenn die Dolden braun werden (das geschieht nach und nach), schneidest du sie mit einer Schere heraus, trocknest sie nach, rebelst sie ab und siebst sie. Es ist sinnvoll, die Samen bei der Reinigung kräftig zwischen den Händen zu reiben. Dadurch lassen sich die vielen kleinen Härchen, mit denen sich die Samen aneinander festkrallen, entfernen, was später die Aussaat erleichtert.

Direkt unter der Schwebfliege siehst du die kleine schwarze Blüte.

Übrigens – die Wilde Möhre ist auch ein sehr ergiebiges Wildgemüse und Gewürzkraut. Die ganze Pflanze ist essbar. Die bis zu 5 cm langen schmalen Pfahlwurzeln kannst du im Frühjahr des zweiten Jahres ernten. Sie haben ein süßeres und intensiveres Aroma als Zuchtkarotten und lassen sich ebenso verwenden. Das Kraut schmeckt ähnlich wie Petersilie und kann entsprechend eingesetzt werden. Ja, und die Blütenstände kannst du in Bierteig ausbacken, die Samen aromatisieren Kräuteröle.

Standort: anspruchslos

Boden: trocken, durchlässig

Lebensdauer: zweijährig

Höhe: 50–100 cm

Abstand: 30 cm (10 Pflanzen/m^2)

Aussaat: März–Juni, September

Saattiefe: 0,2 cm

Keimdauer: 3–12 Wochen bei mindestens 10 °C

Vermehrung: Samen

Verkreuzungsmöglichkeiten: mit allen Zuchtkarottensorten

Blüte: weiß, Juni–September, im 2. Jahr; zwittrig, Fremdbefruchtung durch Insekten

Saatguternte: reife Samen ab August des 2. Jahres, reife Dolden ernten, nachtrocknen, rebeln, reiben, sieben

Keimfähigkeit der Samen: 2–3 Jahre

Minimalbestand: 10 Pflanzen

GEWÖHNLICHER NATTERNKOPF

Diese Blüten passen doch auf wirklich jede Wildblumenwiese, oder?

In den Blüten ist so gut wie immer was los.

Natternkopf-Samenstände

Echium vulgare

Diese stachlige Schönheit ist ebenfalls eine einheimische Wildpflanze und blüht über Monate hinweg. Es muss schon sehr schlechtes Wetter sein, damit in den Blüten keine Bienen unterwegs sind. Auch viele Falter laben sich am Nektar der zahllosen tiefblauen Blüten, zudem ist der Natternkopf Raupenfutterpflanze für über 50 (!) verschiedene einheimische Schmetterlingsarten, darunter etliche gefährdete. Für den Garten und Insekten ist der Gewöhnliche Natternkopf also eine absolute Empfehlung.

Und dabei ist er total pflegeleicht. In der Natur gedeiht er an den unwirtlichsten Standorten, sie müssen nur sonnig, der Boden trocken und durchlässig sein. So ein Plätzchen findet er doch sicher auch in deinem Garten? Der Natternkopf lässt sich ausgezeichnet über Samen vermehren und sät sich, einmal angesiedelt, zuverlässig selber aus. Er macht sich fabelhaft in Wildblumenwiesen und in Beeten, die er sich mit anderen anspruchslosen Trockenheitskünstlern teilen darf.

Standort: sonnig

Boden: trocken, durchlässig

Lebensdauer: zweijährig

Höhe: 50–100 cm

Abstand: 40 cm (maximal 6 Pflanzen/m²)

Aussaat: März–Juni im Freien

Saattiefe: 0,5 cm

Keimdauer: 2–4 Wochen bei 15–20 °C

Vermehrung: Samen

Verkreuzungsmöglichkeiten: keine

Blüte: blau, Juni–September, im 2. Jahr; zwittrig, Fremdbefruchtung durch Insekten

Saatguternte: reife Samen ab August des 2. Jahres, die ganzen trockenen Stängel mit Samenständen (bis zu 40 cm lang) abschneiden, nachtrocknen, die Samen aus den Kelchen rebeln (Handschuhe benutzen, die feinen Härchen pieksen und jucken gewaltig!) oder dreschen, sieben

Keimfähigkeit der Samen: 2–3 Jahre

Minimalbestand: 3 Pflanzen

TROCKENHEITSLIEBENDE INSEKTENMAGNETEN

Du bist auf der Suche nach einheimischem Pflanzen, die mit den zunehmend heißen und trockenen Sommern in Mitteleuropa gut zurechtkommen? Und du möchtest gleich noch etwas für Wildbiene, Schmetterling und Co tun? Ich habe hier eine Liste mit trockenheitsliebenden Insektenmagneten für sonnige Standorte zusammengestellt. Alle lassen sich hervorragend über Samen vermehren.

DEUTSCHER NAME	BOTANISCHER NAME	LEBENSDAUER	AUSSAAT
Acker-Ringelblume	*Calendula arvensis*	1	4 bis 7
Beifuß, Einjähriger	*Artemisia annua*	1	5 bis 6; L
Beifuß, Gemeiner	*Artemisia vulgaris*	m	4 bis 6; L
Bergminze, Kleinblütige	*Calamintha nepeta*	m	4 bis 6; L
Betonie, Gewöhnliche	*Stachys officinalis*	m	9 bis 10; K
Bibernelle, Kleine	*Pimpinella saxifraga*	m	3 bis 4; Kü, L
Bitterkraut, Gewöhnliches	*Picris hieracioides*	2	3 bis 6
Braunelle, Großblütige	*Prunella grandiflora*	m	3 bis 6
Büschel-Nelke	*Dianthus armeria*	2	3 bis 6
Eselsdistel	*Onopordum acanthium*	2	3 bis 4; 9
Färber-Hundskamille	*Anthemis tinctoria*	m	3 bis 6; L
Färber-Resede	*Reseda luteola*	2	3 bis 4; Kü, L
Färber-Waid	*Isatis tinctoria*	2	3 bis 5
Feld-Thymian	*Thymus pulegioides*	m	3 bis 5; L
Ferkelkraut, Gewöhnliches	*Hypochaeris radicata*	m	3 bis 7; L
Fingerkraut, Hohes	*Potentilla recta*	m	3 bis 4; Kü, L
Flockenblume, Schwarze	*Centaurea nigra*	m	5 bis 6

Vorletzte Spalte: m = mehrjährig, 1 = einjährig, 2 = zweijährig | Letzte Spalte: Aussaatmonate, L = Lichtkeimer, K = Kaltkeimer, Kü = Kühlkeimer
Wo nicht anders bezeichnet, handelt es sich um Normalkeimer, die du am besten im Frühjahr aussäst und mit Erde bedeckst.

DEUTSCHER NAME	BOTANISCHER NAME	LEBENSDAUER	AUSSAAT
Glockenblume, Rundblättrige	*Campanula rotundifolia*	m	3 bis 6; L
Golddistel	*Carlina vulgaris*	2	3 bis 6
Gold-Klee	*Trifolium aureum*	2	4 bis 7
Graukresse	*Berteroa incana*	1	4 bis 5; L
Habichtskraut, Doldiges	*Hieracium umbellatum*	m	3 bis 6; L
Habichtskraut, Kleines	*Hieracium pilosella*	m	3 bis 6; L
Habichtskraut, Orangefarbenes	*Hieracium aurantiacum*	m	3 bis 7; L
Hasen-Klee	*Trifolium arvense*	1	3 bis 5
Hasenlattich-Habichtskraut	*Hieracium prenanthoides*	m	4 bis 6; L
Hirschhorn-Wegerich	*Plantago coronopus*	m	4 bis 8; L
Hirtentäschel, Gewöhnliches	*Capsella bursa-pastoris*	2	3 bis 6; L
Hohlzahn, Stechender	*Galeopsis tetrahit*	1	2 bis 3; Kü
Hopfen-Klee = Gelbklee	*Medicago lupulina*	2	5 bis 6; 10 bis 11
Johanniskraut, Echtes	*Hypericum perforatum*	2	3 bis 6
Kamille, Echte	*Matricaria recutita*	1	3 bis 5; L
Karde, Wilde	*Dipsacus fullonum*	2	4 bis 6; 9
Kartäusernelke	*Dianthus carthusianorum*	m	3 bis 6
Katzenminze, Echte	*Nepeta cataria*	m	3 bis 6; L
Klatsch-Mohn	*Papaver rhoeas*	1	3 bis 4; 9; Kü, L
Kornblume	*Centaurea cyanus*	1	3 bis 5
Kronwicke, Bunte	*Coronilla varia*	m	5 bis 6
Labkraut, Echtes	*Galium verum*	m	4 bis 6

Vorletzte Spalte: m = mehrjährig, 1 = einjährig, 2 = zweijährig | Letzte Spalte: Aussaatmonate, L = Lichtkeimer, K = Kaltkeimer, Kü = Kühlkeimer
Wo nicht anders bezeichnet, handelt es sich um Normalkeimer, die du am besten im Frühjahr aussäst und mit Erde bedeckst.

DEUTSCHER NAME	BOTANISCHER NAME	LEBENSDAUER	AUSSAAT
Leimkraut, Gewöhnliches	*Silene vulgaris*	m	3 bis 7
Leimkraut, Nickendes	*Silene nutans*	m	3 bis 6; L
Leinkraut, Gewöhnliches	*Linaria vulgaris*	m	2 bis 9; L
Mädesüß, Gewöhnliches	*Filipendula vulgaris*	m	4 bis 6; L
Margerite, Straußblütige	*Tanacetum corymbosum*	m	4 bis 6
Möhre, Wilde	*Daucus carota* ssp. *carota*	2	3 bis 9
Nachtkerze, Gemeine	*Oenothera biennis*	2	4 bis 6; 9 bis 10
Nachtkerze, Großblütige	*Oenothera grandiflora*	2	4 bis 6; 9 bis 10
Natternkopf, Gewöhnlicher	*Echium vulgare*	2	3 bis 6
Nelken-Leimkraut	*Silene armeria*	1	3 bis 5; L
Ochsenauge, Weidenblättriges	*Buphthalmum salicifolium*	m	3 bis 6
Odermennig, Großer	*Agrimonia procera*	m	2 bis 4; 10; Kü
Odermennig, Kleiner	*Agrimonia eupatoria*	m	2 bis 4; 10; Kü
Oregano, Wilder	*Origanum vulgare*	m	3 bis 6; L
Pechnelke	*Lychnis viscaria*	m	3 bis 6; L
Purpur-Fetthenne	*Sedum telephium* ssp. *telephium*	m	4 bis 6; L
Rainfarn	*Tanacetum vulgare*	m	3 bis 6
Reiherschnabel, Gewöhnlicher	*Erodium cicutarium*	m	3 bis 6
Resede, Gelbe	*Reseda lutea*	m	3 bis 4; 9; Kü, L
Rispen-Flockenblume	*Centaurea stoebe*	m	4 bis 6
Saat-Esparsette	*Onobrychis sativa*	m	3 bis 6
Saat-Wucherblume	*Chrysanthemum segetum*	1	3 bis 8

Vorletzte Spalte: m = mehrjährig, 1 = einjährig, 2 = zweijährig | Letzte Spalte: Aussaatmonate, L = Lichtkeimer, K = Kaltkeimer, Kü = Kühlkeimer
Wo nicht anders bezeichnet, handelt es sich um Normalkeimer, die du am besten im Frühjahr aussäst und mit Erde bedeckst.

DEUTSCHER NAME	BOTANISCHER NAME	LEBENSDAUER	AUSSAAT
Salbei, Quirlblütiger	*Salvia verticillata*	m	4 bis 6
Skabiose, Gelbe	*Scabiosa ochroleuca*	m	3 bis 4; 9; Kü
Spitzwegerich	*Plantago lanceolata*	m	3 bis 4; 9
Steinklee, Echter	*Melilotus officinalis*	2	3 bis 6
Steinklee, Weißer	*Melilotus albus*	2	3 bis 6
Strahlen-Breitsame	*Orlaya grandiflor*	1	3 bis 4; Kü
Tauben-Skabiose	*Scabiosa columbaria*	m	4 bis 7
Tausendgüldenkraut, Echtes	*Centaurium erythraea*	2	5 bis 6; L
Wegwarte, Gemeine	*Cichorium intybus*	2	3 bis 6
Wermut	*Artemisia absinthium*	m	4 bis 6; L
Wiesen-Flockenblume	*Centaurea jacea*	m	3 bis 7
Wiesenknopf, Kleiner	*Sanguisorba minor*	m	3 bis 9; L
Wiesen-Labkraut	*Galium mollugo*	m	3 bis 4; 9; Kü
Wiesen-Margerite	*Leucanthemum vulgare*	m	3 bis 6; L
Wiesen-Salbei	*Salvia pratensis*	m	4 bis 6
Wiesen-Schafgarbe	*Achillea millefolium*	m	3 bis 7; L
Wiesen-Witwenblume	*Knautia arvensis*	m	3 bis 4; Kü, L
Ziest, Aufrechter	*Stachys recta*	m	3 bis 4; Kü, L

Vorletzte Spalte: m = mehrjährig, 1 = einjährig, 2 = zweijährig | Letzte Spalte: Aussaatmonate, L = Lichtkeimer, K = Kaltkeimer, Kü = Kühlkeimer
Wo nicht anders bezeichnet, handelt es sich um Normalkeimer, die du am besten im Frühjahr aussäst und mit Erde bedeckst.

KARDEN: WILDE KARDE, SCHLITZBLÄTTRIGE KARDE UND BEHAARTE KARDE

Wilde Karde

Schlitzblättrige Karde

Behaarte Karde

Dipsacus fullonum, Dipsacus laciniatus, Dipsacus pilosus

Ein naturnaher Garten ohne Karden ist keiner! Wobei man ihnen schon ein wenig Platz einräumen muss: Es können opulente Pflanzen von bis zu 3 m Höhe werden, die ihre Samen mit verschiedenen Tricks im ganzen Garten verteilen. Bleibst du an den stachligen Stängeln hängen und befreist dich davon, federn sie heftig zurück und schleudern die Samen meterweit von sich. Die ebenso stachligen Samenstände, die auch in den unteren Bereichen der Pflanzen sitzen können, krallen sich in Stoffe oder in Fellen von Tieren fest und lassen sich so davontragen. Und Gartenvögel, vor allem Distelfinken, die sich im Herbst und Winter an den Samen bedienen, tragen ebenfalls zu deren Verbreitung bei. Aber keine Angst, invasiv sind die Karden nicht, und sie lassen sich, wo sie nicht stehen sollen, auch gut entfernen.

Der Bienenweidewert aller drei Arten ist sehr groß. Vor allem viel Nektar, aber auch eine ordentliche Portion Pollen sitzen in den vielen Blüten, die nacheinander aufgehen. Entsprechend gut werden sie auch besucht, vor allem von Hummeln. Es ist fast unmöglich, eine blühende Karde aufzuspüren, auf der keine Hummel sitzt. Am Karden-Nektar bedienen sich auch einheimische Schmetterlinge, darunter der stark gefährdete Wald-Portier. Eine weitere Besonderheit hat die Pflanze noch zu bieten: In großen, an den Stängeln verwachsenen Blätter der Wilden und Schlitzblättrigen Karde bilden sich trichterförmige Wassersammelbecken, an denen sich durstige Insekten und auch Vögel bei großer Hitze und Trockenheit einfinden.

Unterscheiden kannst du Wilde und Schlitzblättrige Karde an der Blattform (die Blätter der Schlitzblättrigen Karde sind, wie der Name schon sagt, tief geschlitzt), an ihrer Blütenfarbe (rosa versus weiß) und an ihren großen, spitz zulaufenden Hüllblättern. Bei der Wilden Karde sind sie bogig aufsteigend, bei der Schlitzblättrigen weit abstehend. Die Behaarte Karde wächst wesentlich filigraner und verzweigter mit ku-

gelförmigen, weißblühenden, kleinen Blütenköpfen, während die der beiden anderen Karden eine Kegelform haben. Die Blüten der Behaarten Karde beginnen sich zu öffnen, wenn die anderen Karden bereits verblüht sind, daher lässt sich mit ihr die Bienenweidesaison wunderbar verlängern.

Die Vermehrung funktioniert problemlos über Samen. Die Aussaat der Behaarten Karde erfolgt im Herbst (Kaltkeimer), die der anderen im Frühjahr. Sind die Samenstände trocken und haben sich braun verfärbt und die ersten vierkantigen Samen büchsen aus (normalerweise ab September, aber leider niemals alle gleichzeitig), musst du dir eine Methode ausdenken, um sie einzufangen. Mich kann man bei der Samenernte auf der Leiter stehen sehen, mit Handschuhen, Gartenschere und einer großen Schüssel bewaffnet. So versuche ich, die Samenstände abzuschneiden und in die Schüssel fallen zu lassen, ohne allzu große Schwingungen an den Pflanzen auszulösen. Die am Boden ausgebreiteten Laken sollen die Samen auffangen, die herabfallen. Irgendwie müssen die stachligen Dinger jedenfalls in die Schüssel oder in eine große Papiertüte. Nachtrocknen, durchschütteln, die Samen fallen von alleine aus, sieben. Brauchst du nur kleine Saatgutmengen, kannst du versuchen, die Samenstände an den Pflanzen zu belassen und die Samen nur auszuschütteln – Distelfinken wird das freuen.

Standort: sonnig, frisch

Boden: trocken (Wilde und Behaarte Karde), durchlässig, nährstoffreich (Schlitzblättrige Karde)

Lebensdauer: zweijährig

Höhe: bis 300 cm

Abstand: 40 cm (6 Pflanzen/m^2)

Aussaat: April–Juli, September direkt ins Beet bzw. September, Oktober (Behaarte Karde)

Saattiefe: 0,2 cm

Keimdauer: 3–4 Wochen bei 10–15 °C (Behaarte Karde als Kaltkeimer kühler)

Vermehrung: Samen

Verkreuzungsmöglichkeiten: keine

Blüte: rosa (Wilde Karde), weiß (Schlitzblättrige und Behaarte Karde), Juli (Wilde Karde, Juni-August (Schlitzblättrige Karde), Juli-September (Behaarte Karde), im 2. Jahr; zwittrig, Fremdbefruchtung durch Insekten, Selbstbefruchtung kommt ebenfalls vor

Saatguternte: reife Samen ab August, trockene Blütenköpfe abschneiden oder ausschütten, nachtrocknen, sieben

Keimfähigkeit der Samen: 4 Jahre

Minimalbestand: 3 Pflanzen

Übrigens: Ein alkoholischer Auszug aus der einjährigen Wurzel der Wilden Karde wird begleitend bei der Behandlung der durch Zecken übertragenen Borreliose eingesetzt.

GEMEINE WEGWARTE

Cichorium intybus

Diese einheimische Wildpflanze zieht mit ihren leuchtend blauen Blüten in den Vormittagsstunden viele Bienen an. Sie solltest du unbedingt in deinem Garten ansiedeln. Die Wegwarte ist mit Sicherheit eine der Gewinnerinnen des Klimawandels: Sie braucht nicht mehr als ein sonniges, mageres und trockenes Fleckchen Erde und verbreitet sich durch Selbstaussaat zuverlässig selber. Durch ihre Frosthärte bis zu -40 °C kann ihr auch ein strenger Winter nichts anhaben.

Als Samengärtner*in musst du allerdings wissen, dass sie sich gern in Zichoriensalate einkreuzt, deren Vorfahrin sie ist. Willst du Endivien, Chicorée, Zuckerhut, Radicchio oder Wurzel-Zichorien vermehren, solltest du darauf achten, dass diese nicht neben der Gemeinen Wegwarte blühen. Als strenge Fremdbefruchter werden sie allesamt von Insekten bestäubt und die machen keinen Unterschied zwischen Wild- und Zuchtformen. Alternativ kannst du die Wegwarte durch Wurzelteilung vermehren. Dazu schneidest du 10 cm lange Stücke von den Seitenwurzeln ab, das gelingt leider nicht immer.

Auch die Wegwarten-Blüten sind bei Bienen richtig beliebt.

Wegwarten-Keimlinge

Die Wegwarte wird übrigens schon seit der Antike als Heilpflanze eingesetzt. Auch als Wildgemüse wird sie verwendet: Im April sind die zarten Blätter noch nicht sonderlich bitter, sie können frisch sogar als Salatgrundlage dienen, später dann eher als Würze. Zarte Stängel können gedünstet oder ausgebacken, die Wurzeln als Kaffeeersatz geröstet und gemahlen werden.

Standort: sonnig

Boden: trocken

Lebensdauer: zweijährig

Höhe: bis 90 cm

Abstand: 40 cm (maximal 8 Pflanzen/m^2)

Aussaat: März–Juni im Freien

Saattiefe: 1 cm

Keimdauer: 2–3 Wochen bei 15–20 °C

Vermehrung: Samen oder Wurzelteilung im Frühjahr (10 cm lange Seitenwurzeln)

Verkreuzungsmöglichkeiten: mit Zichorien-Salaten (Endivien, Chicorée, Zuckerhut, Radicchio oder Wurzel-Zichorien)

Blüte: blau, Juni–September, im 2. Jahr; zwittrig, Fremdbefruchtung durch Insekten

Saatguternte: reife Samen ab August des 2. Jahres, die ganzen trockenen Stängel mit Samenständen (bis zu 50 cm lang) abschneiden, nachtrocknen, die Samen aus den Hüllen rebeln oder dreschen, sieben

Keimfähigkeit der Samen: 4 Jahre

Minimalbestand: 5 Pflanzen

ECHTER ALANT

Hummeln, Wildbienen – Alant-Blüten sind immer gut besucht.

Inula helenium

Die Wildstaude Alant erreicht locker eine Höhe von über 2 m. Über Wochen hinweg blühen immer wieder neue der großen, körbchenförmigen, gelben Blüten auf und locken mit Nektar und vor allem Pollen Honigbienen, verschiedene Wildbienenarten, auch Hummeln, Schmetterlinge und Nachtfalter an, die für die Bestäubung sorgen.

Alant kannst du im Frühjahr über Samen vermehren oder du teilst den Wurzelstock im Frühjahr oder im Herbst. Die Samen reifen ab Ende August heran. Sie sind mit Flugschirmchen ausgestattet, bei der Ernte musst du also schnell sein. Am besten schneidest du die ganzen Blütenstände mit einer Gartenschere ab und steckst sie kopfüber in eine Papiertüte. Lass sie nachtrocknen, dann fallen auch die restlichen Samen heraus. Danach siebst du die Samen, um sie von den vertrockneten Blütenköpfen und sonstigem Pflanzenmaterial zu trennen, und reibst sie zwischen beiden Händen kräftig aneinander, sodass die Schirmchen sich lösen. Mach das unbedingt an einem windstillen Tag im Freien, denn die feinen weißen Härchen, die dabei umherschwirren, haften sonst an deiner Kleidung und jucken.

Übrigens: Der Echte Alant wird – sogar im Fachhandel – gern mit der Telekie (*Telekia speciosa*) verwechselt, die ebenfalls eine tolle Bienenweidepflanze ist. Beide sehen sich tatsächlich sehr ähnlich, aber die Telekie wächst nicht so hoch hinaus wie der Alant. Außerdem versamt sich der Alant auch nicht selber, die Telekie hingegen ganz extrem. Sie gilt mit Recht als invasiv und verdrängt erstaunlich schnell alle anderen Pflanzen. Das ist mir nämlich selbst schon passiert, und es war nicht leicht, die Telekie wieder aus dem Garten zu verbannen. Meinen Fehler kannst du dir also hiermit schon mal ersparen!

Standort: sonnig

Boden: nährstoffreich, feucht

Lebensdauer: mehrjährig

Höhe: bis 200 cm

Abstand: 40 cm (6 Pflanzen/m^2)

Aussaat: April–Juni in Töpfchen im Freien

Saattiefe: 0,2 cm

Keimdauer: 3–4 Wochen bei 15 °C

Vermehrung: Samen, Teilung des Wurzelstocks im Frühjahr oder Herbst

Verkreuzungsmöglichkeiten: keine

Blüte: gelb, Juni–September, ab dem 3. Jahr; zwittrig, Fremdbefruchtung durch Insekten

Saatguternte: reife Samen ab Ende August, wenn sie davonzufliegen beginnen – ganze Blütenstände schneiden, kopfüber in einer Papiertüte nachtrocknen, sieben, Flugschirmchen durch Reiben zwischen den Händen entfernen

Keimfähigkeit der Samen: mindestens 2 Jahre

Minimalbestand: 2–3 Pflanzen

SKABIOSEN: GELBE SKABIOSE, TAUBEN-SKABIOSE UND DUFT-SKABIOSE

Scabiosa ochroleuca, Scabiosa columbaria, Scabiosa canescens

Auch die einheimischen Skabiosen sind echte Magerkünstler, sonnenverliebt und resistent gegen Trockenheit. Und – darum stehen sie hier in dieser Reihe – ganz hervorragende Bienenweidepflanzen, Nektar- und Futterpflanzen für Schmetterlinge und ihre Raupen. Ob in Hellgelb oder Zartlila, die hübschen Blüten erscheinen über Monate hinweg, die Gelbe Skabiose hat mich in meinem Garten in Leipzig sogar schon mal im Winter mit einer Blüte beglückt, trotz Minusgraden. Die Tauben-Skabiose wird von sage und schreibe 44 einheimischen Schmetterlingsarten besucht, darunter viele gefährdete, wie Widderchen, Schecken-, Dickkopf- und Perlmuttfalter. Die lilafarbene Duft-Skabiose, insgesamt etwas filigraner und niedriger als die beiden anderen, zählt zu den gefährdeten einheimischen Wildpflanzen und sollte daher in vielen Gärten Einzug halten dürfen.

Die Vermehrung funktioniert problemlos über Samen, nur die Aussaatzeiten der drei Arten sind verschieden, die Gelbe Skabiose und die Duft-Skabiose brauchen kühle Temperaturen, um zu keimen, die Tauben-Skabiose kannst du von April bis Juli aussäen. Stockteilung ist ebenfalls möglich.

Hummeln, Schmetterlinge und Co besuchen gerne die Gelbe Skabiose.

Auch auf der Tauben-Skabiose kannst du Hummeln oft beobachten, genau wie Schmetterlinge (hier ein Widderchen).

Hast du viele Skabiosen im Garten stehen, gönn dir im Frühjahr ruhig mal ein paar Blättchen davon, sie schmecken ganz mild. Du kannst sie fein geschnitten in Salate, zu Rohkost und Suppen geben. Die ausgezupften Blütenblätter machen sich ebenfalls sehr gut auf dem Teller.

Wie wäre es mal mit ein paar Tauben-Skabiose-Blättern zum Probieren?

Standort: sonnig

Boden: mager, trocken, kalkhaltig

Lebensdauer: mehrjährig

Höhe: 60–100 cm (Gelbe Skabiose), 50–80 cm (Tauben-Skabiose, 20–50 cm (Duft-Skabiose)

Abstand: 30 m (maximal 8 Pflanzen/m^2)

Aussaat: April–Juli (Tauben-Skabiose), März–April, September (Gelbe Skabiose, Duft-Skabiose)

Saattiefe: 0,2 cm

Keimdauer: 3–4 Wochen bei 15–20 °C (Tauben-Skabiose) bzw. 5–10 °C (Gelbe Skabiose, Duft-Skabiose), da Kühlkeimer

Vermehrung: Samen, Stockteilung

Verkreuzungsmöglichkeiten: keine

Blüte: lila (Duft-Skabiose und Tauben-Skabiose), hellgelb (Gelbe Skabiose), Juli-Oktober; zwittrig, Fremdbefruchtung durch Insekten

Saatguternte: reife Samen ab Juli aus den kugeligen Samenständen zupfen, wenn sie kurz davor sind, davonzuschweben, nachtrocknen

Keimfähigkeit der Samen: mindestens 3 Jahre

Minimalbestand: jeweils 4 Pflanzen

KNOTEN-BRAUNWURZ

Eine Faltenwespe bedient sich an einer der winzigen Knoten-Braunwurz-Blüten.

Scrophularia nodosa

Diese einheimische Wildpflanze mit ihren unscheinbaren kleinen rot-braunen Blüten erweist sich bei näherer Betrachtung als wahrer Wildbienen- und Wespenmagnet. (Die Bestäubung übernehmen vor allem Faltenwespen, siehe Foto!) Die Pflanze dient ebenso zahlreichen einheimischen Schmetterlingsarten als Raupenfutter. In der Natur sehe ich sie häufig in lichten Wäldern und an Waldrändern, bevorzugt an feuchten Stellen. Im Garten steht sie gut am Rande von Hecken. Es ist immer wieder erstaunlich, das rege Treiben kleiner Insekten an den winzigen Rachenblüten zu beobachten, die man, wenn man die Pflanze nicht kennt, glatt übersehen könnte.

Die Vermehrung funktioniert sehr gut über Samen (ebenfalls winzig), welche die Braunwurz reichlich produziert. Nach der Blüte vermehrt sie sich auch selbst über unterirdische Ausläufer. Die Samen kannst du ab August aus den vertrockneten Blütenkelchen schütteln, wenn sie bei Berührung darin zu rascheln beginnen; dann musst du sie noch nachtrocknen und sieben. Die Aussaat erfolgt zwischen Oktober und März (Kühlkeimer), die Samen dürfen nicht mit Erde bedeckt werden (Lichtkeimer).

Standort: sonnig, halbschattig

Boden: nährstoffreich, feucht

Lebensdauer: mehrjährig

Höhe: 60–100 cm

Abstand: 30 cm (6 Pflanzen/m^2)

Aussaat: Oktober–März in Töpfchen im Freien (Kühlkeimer)

Saattiefe: 0 cm (Lichtkeimer)

Keimdauer: 2–3 Wochen bei 10–15 °C (Kühlkeimer)

Vermehrung: Samen, Ausläufer

Verkreuzungsmöglichkeiten: keine

Blüte: rot-braun, Juni–September, ab dem 2. Jahr; zwittrig, Fremdbefruchtung durch Insekten und Selbstbefruchtung

Saatguternte: reife Samen ab August aus den vertrockneten Blütenkelchen schütten, nachtrocknen, sieben

Keimfähigkeit der Samen: 2–3 Jahre

Minimalbestand: 3 Pflanzen

MOSCHUSMALVE

Moschusmalven anzupflanzen lohnt sich allein schon wegen der wunderschönen Blüten.

Die Samen kannst du samt ihrer Hüllen einfach auszupfen.

Malva moschata

Eine in ganz Europa heimische Wildpflanze, die im Sommer ein Meer an hübschen hellrosa Blüten hervorbringt, die dezent nach Moschus duften. Sie ist eine gute Bienenweide, Nektar- und Raupen-Futterpflanze für zwei einheimische gefährdete Schmetterlingsarten: den Malven-Dickkopffalter und den Wegrand-Malven-Blattspanner.

Die Vermehrung gelingt ausgezeichnet über Samen, so verbreitet sich die Moschusmalve auch selber. Die Pflanzen blühen ab dem zweiten Jahr nach der Aussaat und kommen zwischen Juli und August zur Samenreife. Die Samen sitzen kreisförmig und locker in lampionartigen Hüllen, die sich bei Samenreife nach und nach braun färben und öffnen. Du kannst sie vorsichtig auszupfen, nachtrocknen und sieben.

Nebenbei: Die ganze Pflanze ist essbar: Junge Blätter lassen sich frisch oder erhitzt verzehren, Knospen kurz gebraten oder eingelegt, Blüten als essbare Dekoration, junge Wurzeln im Herbst oder Frühjahr fein geschnitten in Brat- oder Ofengemüse. Außerdem kannst du die zarten Blätter der Malve zum Andicken von Suppen nutzen. Ein Tee aus getrockneten Blättern schmeckt angenehm und wird gern Kräutermischungen gegen Erkältungen und Husten beigegeben, die getrockneten Blüten setzen hier außerdem noch schöne Farbakzente.

Standort: sonnig

Boden: nährstoffreich

Lebensdauer: mehrjährig

Höhe: 80 cm

Abstand: 30 cm (10 Pflanzen/m^2)

Aussaat: April–Juni

Saattiefe: 1 cm

Keimdauer: 2–4 Wochen bei 15–20 °C

Vermehrung: Samen

Verkreuzungsmöglichkeiten: mit der weißen Zuchtform der Moschusmalve, es sollen auch Verkreuzungen mit der sehr ähnlichen Rosenmalve (*Malva alcea*) stattfinden

Blüte: hellrosa, Juni–Oktober, ab dem 2. Jahr; zwittrig, Fremdbefruchtung durch Insekten und Selbstbefruchtung

Saatguternte: reife Samen ab Juli des 2. Jahres, lampionartige Samenstände nach und nach abzupfen, wenn sie sich braun verfärben und öffnen, nachtrocknen, sieben

Keimfähigkeit der Samen: 3–4 Jahre

Minimalbestand: 3 Pflanzen

WILDES STIEFMÜTTERCHEN

Viola tricolor

Farbenfroh und symbolträchtig kommt dieses zarte Wildpflänzchen daher. Aus dem herzförmigen Laub recken sich auf zerbrechlich wirkenden Stängeln unzählige filigrane Blüten empor. Wenn du dir die Blüte genau anschaust, siehst du in dem untersten großen bunten Blütenblatt die Stiefmutter sitzen, zu ihren beiden Seiten ihre Töchter und oben in Violett die Stieftöchter. Der Vater (Griffel und Narbe) erscheint erst, wenn alle Damen ausgehen, also wenn die Blume verblüht.

Die bezaubernden Blüten sind übrigens essbar. Aber lass auch den Bienen einige übrig, sie bedienen sich fleißig an dem Nektar. Auch Schmetterlinge haben etwas von dem Veilchengewächs, es dient als Raupenfutter für den Kaisermantel und acht einheimische Perlmuttfalter-Arten, die allesamt gefährdet sind.

Die Wilden Stiefmütterchen vermehren sich über Samen, bei offenem (nicht zugewachsenem) Boden funktioniert die Selbstaussaat prächtig. Ansonsten kannst du die Samen ab April aussäen und schon im Juli nach den ersten ausreifenden Samenkapseln schauen. Ernte sie, kurz bevor sie aufplatzen und die kleinen hellbraunen Samenkörner in die Umgebung springen lassen. Beim Nachtrocknen solltest du auch ein engmaschiges Sieb über das Gefäß stülpen, damit sie dir nicht alle wegspringen.

Standort: sonnig

Boden: durchlässig

Lebensdauer: ein- bis zweijährig

Höhe: bis 40 cm

Abstand: 20 cm (25 Pflanzen/m^2)

Aussaat: April–September

Saattiefe: 0 cm (Lichtkeimer!)

Keimdauer: 2–4 Wochen bei 10–15 °C

Vermehrung: Samen

Verkreuzungsmöglichkeiten: mit Gartenformen

Blüte: weiß-gelb-violett, Mai–September, je nach Aussaat-Monat im selben oder 2. Jahr; zwittrig, Fremdbefruchtung durch Insekten, selbstunfruchtbar

Saatguternte: reife Samen ab Juli, bevor die Samenkapseln aufspringen, Nachtrocknen mit einem Sieb darüber

Keimfähigkeit der Samen: 3 Jahre

Minimalbestand: 5 Pflanzen

WILDER OREGANO

Hier bedient sich gerade eine Furchenbiene an den Blüten.

Statt Blumen: Sieht doch auch schön aus, so ein Oregano-Strauß!

Oregano-Blätter kannst du schon im Frühjahr ernten.

Origanum vulgare

Das bekannte Gewürzkraut wird auch Dost oder Wilder Majoran genannt und hätte auch in das Kapitel über die Küchenkräuter gepasst. Ich stelle den Oregano hier in die Reihe der wilden Blumen, weil er von unglaublichem Wert für unsere heimischen Insekten ist. Jeder Mensch, der ihn im Garten stehen hat, wird bestätigen: In diesen Blüten steppt der Bär! Die Wildpflanze ist nicht nur eine ganz hervorragende Bienenweide, sondern auch Nektar- und Raupenfutterpflanze für über 80 einheimische Schmetterlingsarten. Viele von ihnen sind gefährdet und vom Aussterben bedroht. Der Wilde Oregano sollte also in keinem Garten fehlen. Im besten Fall steht er in großer Menge in den Beeten, damit auch ein Teil davon in die Küche wandern kann. In Töpfen lässt er sich übrigens ebenfalls gut ziehen.

Blätter, blühende Triebe und Blüten kannst du von April bis September ernten. Du musst sie allerdings unbedingt trocknen, denn erst dann entfalten sie ihr typisches Aroma. Am besten pflückst du das ganze blühende Kraut (Vorsicht, damit du dir keinen Bienenstich holst!) und hängst es in lockeren Bündeln zum Trocknen auf. Danach rebelst du Blätter und Blüten von den Stielen und füllst dein Küchenregal mit dem feinen Gewürz. Eine Pizza ohne Oregano ist keine gute Pizza, oder? Ein Chili, ob nun con oder sin carne, ebenfalls nicht. Und ein griechischer Salat kommt genauso wenig ohne dieses Kraut aus. Klasse macht sich Oregano auch in Kräutersalz, -öl und -essig. Probiere das unbedingt mal aus.

In der Natur vermehrt sich Oregano über Samen, Ausläufer und Ableger von ganz allein. Du brauchst dir Ausläufer oder bereits bewurzelte Ableger einfach nur ausgraben und an anderer Stelle wieder einpflanzen. Die Stockteilung funktioniert ebenfalls gut.

Und wenn du auf den Geschmack gekommen bist und noch Platz in deinem Kräuterbeet hast, ein kleiner Tipp: Der weißblühende Griechische Oregano (*Origanum vulgare* ssp. *hirtum*), auch unter den Namen Kreter-Dost und Pizza-Oregano bekannt, ist in Duft und Geschmack unübertroffen. Ich habe in meinen wilden Jahren mal eine Weile an einem Strand auf Kreta gelebt, da wuchs er überall, ich weiß also, wovon ich rede. Achtung: Lang anhaltende Fröste übersteht dieser Oregano allerdings nicht.

Standort: sonnig

Boden: mager, trocken

Lebensdauer: mehrjährig

Höhe: 50–100 cm

Abstand: 30 cm (maximal 8 Pflanzen/m²)

Aussaat: März–Juni in Töpfchen im Freien

Saattiefe: 0 cm (Lichtkeimer)

Keimdauer: 3–4 Wochen bei 15–20 °C

Vermehrung: Samen oder von Juni–September über Rhizomteilung, Ableger, Stockteilung

Verkreuzungsmöglichkeiten: keine

Blüte: rosa, Juli–September, ab dem 2. Jahr; zwittrig, Fremdbefruchtung durch Insekten

Saatguternte: reife Samen ab September, wenn die Blütendolden braun werden, ganze Dolden abschneiden, nachtrocknen, winzige Samen aussieben

Keimfähigkeit der Samen: 3 Jahre

Minimalbestand: 4 Pflanzen

ACKER-SENF

Wenn der Acker-Senf blüht, ist die nächste Hummel sicher nicht weit.

Die Samenstände und Samen

Sinapis arvensis

Diese Wildpflanze ist keine Seltenheit, du siehst sie häufig auf nährstoffreichen Äckern, an Wegrändern oder auf Brachen. Der Acker-Senf ähnelt äußerlich dem Raps, mit dem er auch verwandt ist. Mir ist es wichtig, ihn hier vorzustellen, weil er eine ganze Menge Vorzüge hat.

Vor allem lieben Bienen ihn. Die gelben Blüten bieten sowohl ihnen als auch Fliegen, Käfern und Schmetterlingen reichlich Nektar und Pollen. Eine einzelne Acker-Senf-Pflanze blüht einige Wochen lang. Wenn du sie allerdings satzweise, also alle paar Wochen erneut, aussäst, kannst du die Blüte über sechs Monate hinziehen. Die Pflanze wächst und blüht rasch – das ist besonders im Herbst, wenn die Insekten nicht mehr allzu viele Futterpflanzen finden, sehr nützlich!

Anbau und Vermehrung sind einfach: Du säst zwischen April und August aus, schneidest die ganzen Stängel mit den langen schmalen Samenhülsen, wenn sie vertrocknet sind (ab Juni), ab, und steckst sie kopfüber in eine Papiertüte. Lass sie etwas nachtrocknen, walke das ganze Material mit den Händen durch oder drisch es in einem Stoffsack aus. Die Samen kullern aus den Hülsen und müssen nun nur noch gesiebt werden.

Außerdem ist die ganze Pflanze essbar, ihr leckerer Geschmack erinnert ein wenig an Senf. Blätter, junge Triebe und Stängel kannst du von April bis Juni als scharfes Gewürz für Salate und Suppen, in Quark und Kräuterbutter verwenden, knospige Blütenstände (wie Stängel-Brokkoli) und junge, zarte Samenhülsen dünsten oder als Beilage zu Kartoffel- und Eierspeisen servieren. Die würzigen Blüten sehen hübsch in Salaten aus, die Wurzeln mit Rettich-Aroma kannst du im Frühjahr feinwiegen und z. B. in Dips einrühren. Und die Senfkörner selbst kannst du genau wie jene vom Weißen Senf (*Sinapis alba*) verwenden, also z. B. als Würze für sauer Eingelegtes, Chutneys usw. nutzen.

Tipp: Stehen zu viele Pflanzen in den Beeten (was schnell mal passiert, da sie sich freudig auch selbst versamen), verwende sie als Gründünger. Schneide sie vor der Samenreife bodennah ab und nutze sie als Mulch, um deine Gemüsebeete vor dem Austrocknen und den Boden vor dem Ausschwemmen von Nährstoffen zu schützen. Das Pflanzenmaterial verrottet und gibt seine Nährstoffe wieder an den Boden ab. Zudem lockern die langen Wurzeln den Boden auf. Beachte aber die Fruchtfolge: Senf ist ein Kreuzblütler. Wo er stand, sollten in den nächsten drei Jahren erst mal keine anderen Kreuzblütler wie Kohl oder Radieschen angebaut werden; für einen guten Ertrag würden ihnen die Nährstoffe fehlen.

Standort: sonnig

Boden: nährstoffreich, frisch

Lebensdauer: einjährig

Höhe: 60–100 cm

Abstand: 15 cm (40 Pflanzen/m²)

Aussaat: April–August ins Freiland

Saattiefe: 0,2 cm

Keimdauer: 3–4 Wochen bei 15–20 °C

Vermehrung: Samen

Verkreuzungsmöglichkeiten: keine

Blüte: gelb, Mai–Oktober, im selben Jahr; Fremdbefruchtung durch Insekten, Selbstbefruchtung kommt ebenfalls vor

Saatguternte: trockene Schoten im Sommer (nachtrocknen, aufbrechen, sieben)

Keimfähigkeit der Samen: mindestens 5 Jahre (verschiedentlich wird auch von 40–50 Jahren gesprochen)

Minimalbestand: 10 Pflanzen

WIESEN-WITWENBLUME UND MAZEDONISCHE WITWENBLUME

Ein Ochsenauge und zwei Honigbienen bedienen sich an der Wiesen-Witwenblume.

Auch in den Blüten der Mazedonischen geht es rund, hier siehst du eine Furchenbiene und und ein Widderchen.

Knautia arvensis, Knautia macedonica

Diese Wildpflanzen sind wahre Insektenmagneten – es gibt nur wenige Arten in meinem Garten, an denen sich so unglaublich viele verschiedene Bienen, Schmetterlinge und Käfer tummeln. Die Stauden treiben jedes Jahr aufs Neue aus und blühen monatelang. Außerdem sind sie absolut genügsam. Ein sonniges Plätzchen wollen sie haben und kommen sehr gut mit Trockenheit zurecht. Einmal angesiedelt, haben sie sich zu meinem Entzücken in allen möglichen Winkeln des Gartens verbreitet.

Die Wiesen-Witwenblume ist einheimisch, du hast sie vielleicht schon an Ackerrändern oder auf Wiesen stehen sehen. Die Mazedonische Witwenblume mit ihren weinroten Blüten wächst wild auf der Balkan-Halbinsel und in Rumänien. Beide produzieren reichlich Samen, die über Wochen verteilt reifen. Du wirst sie gut beobachten und flink sein müssen, um sie einzufangen, bevor sie plötzlich aus ihren Blütentellern purzeln. Und dann kommen ganz flott die Ameisen daher, die scharf auf die eiweißreichen Anhängsel der Samen sind (sofern nicht schon die Vögel schneller waren).

Standort: sonnig

Boden: durchlässig, mäßig nährstoffreich

Lebensdauer: mehrjährig

Höhe: 60–100 cm

Abstand: 50 cm (maximal 4 Pflanzen/m²)

Aussaat: März–April in Töpfchen im Freien

Saattiefe: 0,5 cm

Keimdauer: 3–6 Wochen bei etwa 19 °C (Kühlkeimer)

Vermehrung: Samen

Verkreuzungsmöglichkeiten: keine

Blüte: lila (mazedonische Witwenblume: weinrot), Juni- September, ab dem 2. Jahr; zwittrig oder rein weiblich; Fremdbefruchtung durch Insekten, Selbstbefruchtung ist möglich

Saatguternte: reife Samen ab Juni

Keimfähigkeit der Samen: mindestens 5 Jahre

Minimalbestand: 4 Pflanzen

ÜBER MICH

Seit Ende 2013 verkaufe ich über meinen Onlineshop Saatgut von Wildblumen und alten Tomatensorten, das vorwiegend aus meiner eigenen Vermehrung im Biogarten stammt. Aus dem Start-up ist mittlerweile ein Kleinunternehmen mit einem Angebot von über 200 Wildpflanzenarten und über 100 samenfesten Gemüsesorten geworden. Diese Entwicklung macht mich sehr froh. So kann ich dazu beitragen, dass wieder mehr einheimische Pflanzen in die Gärten einziehen und eine Nahrungsgrundlage für gefährdete Insekten bieten – mit allen damit verbundenen positiven Effekten.

Mit meinen alten Tomatensorten kann ich einen Beitrag dazu leisten, die Nutzpflanzenvielfalt zu erhalten. Weltweit sind 75 Prozent aller Sorten verloren gegangen, was nicht nur kulinarisch eine Katastrophe ist. Ich vermehre und verkaufe ausschließlich samenfestes Saatgut. Anders als aus dem F1-Hybrid-Saatgut, mit dem der Markt überschwemmt wurde und das man jedes Jahr neu kaufen muss, entwickeln sich aus samenfestem Saatgut Pflanzen, die Samen ausbilden,

welche wie zu Omas Zeiten wieder ausgesät werden können. Es gefällt mir, dass ich auf diese Art etwas gesellschaftlich Relevantes mit dem Umweltschutz im weitesten Sinne verbinden kann. Dabei ist es nicht so, dass der Onlineshop seit jeher mein Ziel war. Lange Zeit – knapp zwei Jahrzehnte, um genau zu sein – war das Gärtnern einfach ein guter Ausgleich zu meiner eher staubigen Arbeit an der Uni Leipzig. Dank meiner Schwerpunkte indische Medizingeschichte, Pflanzenkunde und Textkritik hatte ich viel mit mittelalterlichen Manuskripten zu tun. Das war einerseits hoch spannend, aber andererseits eine brotlose Kunst ohne echte Perspektive für mich. Um beruflich weiterzukommen, hätte ich die Stadt bzw. sogar das Land verlassen müssen. Das kam nicht wirklich infrage, da unsere Töchter damals noch sehr klein waren und wir auf unserer „Scholle" damals wie heute super aufgehoben sind. Einmal habe ich überlegt, ob ich mir ein großes beheiztes Gewächshaus baue, um die indischen Pflanzen, mit denen ich mich beschäftigte, züchten und besser kennenlernen zu können. Aber mehr und mehr wurde mir bewusst, wie wenig Ahnung ich eigentlich von unseren mitteleuropäischen Pflanzen hatte, deren Potenzial ja auf der Hand lag. Ich begann, den ehemals klassischen Vorstadtgarten in einen Naturgarten umzugestalten (und arbeite noch immer daran), um essbare einheimische Wildkräuter zu kultivieren. Als mit der wachsenden Pflanzenvielfalt und den wilden Gartenecken wie von Zauberhand schnell auch immer mehr Bienen, Schmetterlinge, Käfer, Igel, Vögel usw. in den Garten einzogen, weitete sich mein Fokus generell auf Wildpflanzen. Wie überlebenswichtig sie für gefährdete (weil spezialisierte) Wildbienen und Schmetterlinge sind! Und dann kam mir die Idee, all das Saatgut, das meine Kräuter, Blumen und Gemüsepflanzen jedes Jahr produzieren, zu ernten und für einen fairen Preis zu verkaufen, anstatt es auf den Komposthaufen zu werfen, von wo aus es sich immer wieder gnadenlos über den gesamten Garten verteilte. Also machte ich eine Bestandsaufnahme, schoss Tausende Fotos, sichtete die zahllosen Notizen, die ich mir über die Jahre zu meinen Pflanzen gemacht hatte, schrieb kleine Texte, erntete Saatgut, machte gezielt Keimproben und richtete meinen Shop *Naturgarten-Samen aus Leipzig* ein. Er wurde erfreulich schnell und gut angenommen, wofür ich wirklich sehr dankbar bin!

Heute sind etwa 600 m² unseres naturnah gestalteten Gartens, der zu einem Mehrgenerationenhaus in der Leipziger Vorstadt gehört, bepflanzt und werden von mir bewirtschaftet. Tatsächlich stecke hinter dem Shop allein ich. Einmal abgesehen davon, dass das ganze Projekt nicht möglich gewesen wäre, wenn mein Mann mir in den Anfangsjahren nicht finanziell den Rücken freigehalten hätte. Außerdem unterstützt mich die gesamte Familie bei vielen Aufgaben, wenn es die Auftragslage oder die Erntesituation erfordern. Und schließlich profitiere ich auch von den zahlreichen Kontakten mit gleichgesinnten Natur- und Biogärter*innen in der realen und in der virtuellen Welt. Als besonders inspirierend empfinde ich immer wieder die Facebook-Gruppe *Der NaturGarten* von Barbara Stockhaus. Wenn du magst, schau doch auch mal auf meiner Facebook- oder Instagram-Seite vorbei („Naturgartensamen aus Leipzig").

An meiner Motivation hat sich nichts geändert. Einen beträchtlichen Teil des Saatguts, das ich verkaufe, produziere ich selbst. Einen anderen Teil kaufe ich zu, aber es geht keine Pflanze über meinen Ladentisch, die ich nicht von der Aussaat bis zur Ernte kenne. Mein Wissen teile ich gern und glaube daran, dass die 17 Millionen deutschen Privat- und Kleingärten (2,6 Prozent der Gesamtfläche unseres Landes und damit laut NABU in etwa so groß wie alle Schutzgebiete Deutschlands zusammen) das Potenzial haben, die Artenvielfalt zu fördern und zu schützen.

Über das Angebot des Löwenzahn Verlags, ein Buch über Pflanzenvermehrung zu schreiben, musste ich nicht lange nachdenken. Die Arbeit an diesem Buch hat mir enorm Spaß gemacht! Danke an alle Löwenzähne, die mich bei diesem Projekt begleitet haben, für die vollkommen unkomplizierte Zusammenarbeit und euren kompetenten Support!

NOCH MEHR LESESTOFF FÜR EIFRIGE PFLANZENVERMEHRER*INNEN

Allaby, Michael: *Blümchensex. Die schockierende Wahrheit über das Liebesleben der Pflanzen.* Goldmann, München 2018.

Aufderheide, Ulrike: *Rasen und Wiesen im naturnahen Garten. Neuanlage, Pflege, Gestaltungsideen.* Pala, Darmstadt 2011.

Bio-Balkon. Dein Balkon als essbare Wohlfühloase für Mensch und Tier (Website der Balkonbotschafterin und Online-Kongress-Veranstalterin Birgit Schattling): www.bio-balkon.de

David, Werner: *Fertig zum Einzug. Nisthilfen für Wildbienen.* Pala, Darmstadt 2016.

David, Werner: *Lebensraum Totholz. Gestaltung und Naturschutz im Garten.* Pala, Darmstadt 2010.

Drage, Sigrid: *Wie du dein eigenes Saatgut gewinnst – und so ein kleines Stück Welt rettest. Alte Sorten erhalten, Pflanzenvielfalt feiern, unabhängig sein.* Löwenzahn, Innsbruck 2021.

Der NaturGarten (eine inspirierende Facebook-Gruppe mit einem Schatz an Dateien zu Naturgarten-Themen): www.facebook.com/groups/1554658124779446

Eder, Anja: *Wildbienenhelfer: Wildbienen & Blühpflanzen.* TiPP 4, Rheinbach 2018.

Flora Incognita (kostenlose App zur Bestimmung von Wildpflanzen): www.floraincognita.de

Goulson, Dave: *Wildlife Gardening. Die Kunst, im eigenen Garten die Welt zu retten.* Hanser, München 2019.

Heistinger, Andrea: *Handbuch Bio-Gemüse. Sortenvielfalt für den eigenen Garten.* Löwenzahn, Innsbruch 2010.

Heistinger, Andrea: *Handbuch Samengärtnerei. Sorten erhalten. Vielfalt vermehren. Gemüse genießen.* Löwenzahn, Innsbruck 2004.

Heistinger, Andrea: *Kräuter richtig anbauen. Das Praxisbuch für Biogarten, Topf und Balkon.* Löwenzahn, Innsbruck 2016.

Jakumeit, Daniel: *Lebensraum Garten. Minitipps. Aktiv Natur schützen im eigenen Garten. Teil 1 und 2.* www.baudirnatur.de

Kawollek, Wolfgang & Marco: *Alles über Pflanzenvermehrung. Vegetative Vermehrung und Samenzucht.* Ulmer, Stuttgart 2016.

Klein, Carol: *Pflanzenvermehrung. Alle Methoden Schritt für Schritt erklärt.* Christian, München 2011.

Kreuter, Marie-Luise: *Der Biogarten.* BLV, München 2014.

Lahner, Birgit: *Bio-Gärtnern am Fensterbrett. Wie auf kleinstem Raum das ganze Jahr Gemüse, Kräuter, Salate und Obst wachsen.* Löwenzahn, Innsbruck 2017.

Naturgarten e.V. - Verein für naturnahe Garten- und Landschaftsgestaltung (Informationen rund um den Naturgarten und Bezugsquellen): www.naturgarten.org

Ortner, Marlies: *Saatgut aus dem Hausgarten. Blumen-, Kräuter- und Gemüsesamen selbst gewinnen.* Ökobuch, Staufen bei Freiburg 2012.

Pritsch, Günter: *Bienenweide. 220 Trachtpflanzen erkennen und bewerten.* Kosmos, Stuttgart 2018.

Schattling, Birgit: *Mein Biotop auf dem Balkon. Naturerlebnis und Ernteglück mitten in der Stadt.* GU, München 2020.

Stude, Ute: *Tomatenlust. Die Geheimnisse der Tomatenpioniere – Tipps für den Anbau richtig guter Tomaten.* Haupt, Bern 2019.

Westrich, Paul: *Wildbienen. Die anderen Bienen.* Verlag Dr. F. Pfeil, München 2015.

Wilder Meter. Das Online-Magazin für Ihren insektenfreundlichen Natur-Balkon: www.wildermeter.de

Witt, Reinhard: *Wildpflanzen für jeden Garten. 1000 heimische Blumen, Stauden und Sträucher. Anzucht, Pflanzung, Pflege.* BLV, München 1995.

BEZUGSQUELLEN FÜR PFLANZEN UND SAMEN

DEUTSCHLAND

Bingenheimer Saatgut AG: www.bingenheimersaatgut.de
Bio-Saatgut Gaby Krautkrämer: www.biosaatgut.de
Blauetikett Bornträger GmbH: www.blauetikett.de
Borago: www.borago.de
Dreschflegel GbR: www.dreschflegel-saatgut.de
Hof Berggarten: www.hof-berggarten.de
Irinas Tomaten: www.irinas-shop.de
Kräuter- und Wildpflanzengärtnerei Strickler: www.gaertnerei-strickler.de
Melanie Grabner: www.tomatenfinden.de
Michael Schick: www.michestomatenvielfalt.com
Rieger-Hofmann: www.rieger-hofmann.de
Staudengärtnerei Gaißmayer: www.gaissmayer.de
Syringa-Samen, Duftpflanzen und Kräuter: www.syringa-samen.de
VEN Verein zur Erhaltung der Nutzpflanzenvielfalt e.V.: www.nutzpflanzenvielfalt.de

EINZELSAATGUT UND SAATGUT-SORTIMENTE KÖNNT IHR AUCH BEI MIR KAUFEN:

Naturgarten-Samen aus Leipzig: www.etsy.com/de/shop/NaturGartenSamen

ÖSTERREICH

Arche Noah – Gesellschaft zur Erhaltung und Verbreitung der Kulturpflanzenvielfalt: www.arche-noah.at
Bionana: www.bionana.shop
ReinSaat: www.reinsaat.co.at
Samen Maier: www.samen-maier.at
Voitsauer Wildblumensamen: www.wildblumensaatgut.at

SCHWEIZ

Pro Specie Rara: www.prospecierara.ch
Sativa: www.sativa-rheinau.ch
Samengärtnerei Zollinger: www.zollinger-samen.ch
Die Wildstaudengärtnerei: www.wildstauden.ch

ZUM NACHSCHLAGEN UND WEITERSTÖBERN: REGISTER

klimapositiv gedruckt

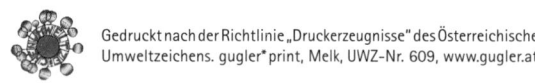

Gedruckt nach der Richtlinie „Druckerzeugnisse" des Österreichischen Umweltzeichens. gugler* print, Melk, UWZ-Nr. 609, www.gugler.at

Löwenzahn-Bücher werden auf höchstem ökologischen Standard gedruckt, ausschließlich mit Substanzen, die wieder in den biologischen Kreislauf zurückgeführt werden können. Cradle to Cradle™-zertifiziert by gugler*, klimapositiv, auf Papier, das in Österreich produziert wurde, und ohne Plastikfolie, die dein Lieblingsbuch unnötig einhüllt – für unsere Umwelt und unsere Zukunft.

1. Auflage
© 2023 by Löwenzahn in der Studienverlag Ges.m.b.H.,
Erlerstraße 10, A-6020 Innsbruck
E-Mail: loewenzahn@studienverlag.at
Internet: www.loewenzahn.at

Inhaltliche Betreuung: Löwenzahn Verlag/Christina Kindl-Eisank
Konzept: Löwenzahn Verlag/Christina Kindl-Eisank
Lektorat: Friederike Moldenhauer
Projektleitung: Löwenzahn Verlag/Josefa Niedermaier

Umschlag- und Buchgestaltung, Illustrationen sowie grafische Umsetzung: Jasmin Keune-Galeski – Illustration und Grafik – www.jasminkeunegaleski.com

Fotografien: alle Janet Glausch, außer: Priscillia Grubo, S. 7, 36, 37 (rechts unten), 38 (rechts unten), 39 (linke Spalte), 40 (links oben, rechts unten), 45, 47, 48 (rechts), 52–56, 65, 69, 72, 73, 80 (Mitte, rechts oben), 83 (oben), 104, 132 (oben), 150 (unten), 155, 173, 209 | Marja Glausch, S. 37 (links oben) | Roswitha Hammermüller, S. 126 | Daniel Jakumeit, S. 170 | Zoltán Komlóssy, S. 31 (unten), 35, 37 (links unten), 38 (links unten), 41 (rechts unten), 49–50, 86, 150 (oben), 152 (unten), 174 (unten), 182 (rechts unten) | Hanka Naumann, S. 128, 136

Bibliografische Information Der Deutschen Nationalbibliothek

Die Deutsche Nationalbibliothek verzeichnet diese Publikation in der Deutschen Nationalbibliografie; detaillierte bibliografische Daten sind im Internet über http://dnb.dnb.de abrufbar.

ISBN 978-3-7066-2971-3